A LINGUAGEM PERDIDA DAS GRUAS
E OUTROS ENSAIOS DE RASURAS
E REVELAÇÕES

CONSELHO EDITORIAL

André Luiz V. da Costa e Silva

Cecilia Consolo

Dijon De Moraes

Jarbas Vargas Nascimento

Luís Augusto Barbosa Cortez

Marco Aurélio Cremasco

Rogerio Lerner

A LINGUAGEM PERDIDA DAS GRUAS E OUTROS ENSAIOS DE RASURAS E REVELAÇÕES

Péricles Pinheiro Machado Junior

A linguagem perdida das gruas e outros ensaios de rasuras e revelações
© 2023 Péricles Pinheiro Machado Junior
Editora Edgard Blücher Ltda.

Publisher Edgard Blücher
Editores Eduardo Blücher e Jonatas Eliakim
Coordenação editorial Andressa Lira
Produção editorial Luana Negraes
Preparação de texto Beatriz Francisco
Diagramação Negrito Produção Editorial
Revisão de texto Maurício Katayama
Capa Leandro Cunha
Imagem da capa AN, de Galvão Bertazzi (2022).
Marcador e tinta acrílica sobre papel.

O presente trabalho foi realizado com apoio da Coordenação de Aperfeiçoamento de Pessoal de Nível Superior – Brasil (CAPES) – Código de Financiamento 001.

Blucher

Rua Pedroso Alvarenga, 1245, 4º andar
04531-934 – São Paulo – SP – Brasil
Tel.: 55 11 3078-5366
contato@blucher.com.br
www.blucher.com.br

Segundo o Novo Acordo Ortográfico, conforme 6. ed. do *Vocabulário Ortográfico da Língua Portuguesa*, Academia Brasileira de Letras, julho de 2021.
É proibida a reprodução total ou parcial por quaisquer meios sem autorização escrita da editora.

Todos os direitos reservados pela Editora Edgard Blücher Ltda.

Dados Internacionais de Catalogação na Publicação (CIP)
Angélica Ilacqua CRB-8/7057

Machado Junior, Péricles Pinheiro
  A linguagem perdida das gruas e outros ensaios de rasuras e revelações / Péricles Pinheiro Machado Junior. – São Paulo : Blucher, 2023.
  196 p.

  Bibliografia
  ISBN 978-65-5506-693-7

  1. Psicanálise 2. Psicanálise – Linguagem 3. Psicanálise – Comunicação I. Título.

23-2078   CDD 150.195

Índice para catálogo sistemático:
  1. Psicanálise

*À memória viva de Pérsio Nogueira
e aos analisandos que me
ensinam o que é psicanálise*

Agradecimentos

São muitos os caminhos trilhados até a publicação deste livro cuidadosamente produzido pela editora Blucher. Se pudesse inventariar as origens de cada contribuição que tive a chance de receber das pessoas com que a vida me agraciou, seriam necessárias muito mais páginas do que estas que compõem o trabalho ora apresentado ao leitor. São muitos os caminhos e muitas as pousadas, casas que habitei temporariamente nos pensamentos de amigos e colegas que, por amor, amizade ou desconhecimento, foram alimento e inspiração para as experiências registradas nas tintas do texto. Ponto a ponto, de reta em reta, transitei em boas companhias e sigo curioso e sedento por novas experiências, novos horizontes e vidas a acompanhar.

Duas importantes instituições foram morada e jardim para a composição dos ensaios que germinam neste volume: a Sociedade Brasileira de Psicanálise de São Paulo (SBPSP), que a cada dia experimento como lugar fecundo para cultivar a psicanálise e partilhar de seus frutos, e o Laboratório Interinstitucional de Estudos da Intersubjetividade e Psicanálise Contemporânea (Lipsic), que foi meu ninho acolhedor e temporário no desenvolvimento da pesquisa de doutoramento que resultou nesta obra.

Em especial, agradeço aos amigos e colegas que de algum modo (e cada um a seu modo) contribuíram para que eu me tornasse o analista-autor-pesquisador que um dia escreveu sobre a linguagem perdida das gruas, algumas poucas revelações e infinitas rasuras: Ana Maria Stucchi Vannucchi, Anne Lise di Moisè Scappaticci, Cibele Maria Moraes di Battista Brandão, Claudio Castelo Filho, Davi Berciano Flores, Elisa Maria de Ulhôa Cintra, Elsa Vera Kunze Post Susemihl, Gilberto Safra, Luiz Carlos Uchôa Junqueira Filho, Maria Cristina Borja Gondim, Marina Ferreira da Rosa Ribeiro e Marina Ramalho Miranda.

Minha profunda gratidão aos colegas Paulo Cesar Sandler e Arnaldo Chuster, com quem tenho aprendido a navegar as águas profundas da clínica ao som do pensamento de W. R. Bion e desenvolver condições para perseverar no empenho de vir a ser psicanalista.

Ao Fábio Frutuoso, agradeço diariamente o amor e a cumplicidade, a presença tranquila e a música doce, os risos eloquentes e os sonhos corajosos que antecedem, inundam e se estendem para muito além dos confins deste trabalho.

E, na quietude entre uma nota e outra, agradeço à Ester Hadassa Sandler por zelar para que as cordas do violão se mantenham afinadas ao longo do passeio ao sabor das tortas de maçã.

Conteúdo

Prefácio   11
   Anne Lise Di Moisè Scappaticci

Prelúdio   19

Once upon never: a linguagem perdida das gruas   59

Terra seca, broto verde: a linguagem dos fragmentos   81

Plunct, plact, humpf: a linguagem do indizível   115

Águas paradas, um rio que corre: a linguagem das tormentas   149

Sobrevivência, reconhecimento: a linguagem do repouso   169

Epílogo (ou a inesperada virtude da frustração)   185

Referências   187

Prefácio

Anne Lise Di Moisè Scappaticci[1]

O livro que o leitor tem em mãos é uma coletânea de ensaios apresentados por Péricles Pinheiro Machado Junior em sua tese de doutorado realizada no Instituto de Psicologia da Universidade de São Paulo e defendida em 2022. Ao ler o título, *A linguagem perdida das gruas e outros ensaios de rasuras e revelações*, experimentamos o impacto estético e poético mesclado pela sensação de estranheza evocada pelo termo "gruas", um apelo ao inanimado. Na mente do leitor, introduz-se o movimento do caminhar na transição, em nossa vida mental, entre o inanimado, que funciona como um exoesqueleto, e o animado, paradoxo constante ilustrado por Wilfred Bion em vários momentos de sua obra.

A dedicatória a Pérsio Nogueira, que inicia e acompanha o autor ao longo do livro, diz respeito à generosa exposição da mente

---

1 Psicanalista didata da Sociedade Brasileira de Psicanálise de São Paulo (SBPSP). Editora da revista *Ide*. Pós-doutora em Psicologia pelo Departamento de Psicologia da USP e doutora em Saúde Mental pelo Departamento de Psiquiatria da Escola Paulista de Medicina. Formada em Psicologia pela PUC-SP e pela Università degli Studi La Sapienza di Roma.

do analista aos leitores e a seus pacientes. Para tanto, o analista se revela e está vulnerável em sua própria intimidade. Trata-se de uma atividade autobiográfica e da narração de sua jornada pelos meandros do psíquico. Péricles abre sua Odisseia evocando a inspiração, guiado pelas musas – seus analistas, pacientes, objetos bons e tesouros afetivos – para poder se adentrar na tarefa da escrita. Nos termos do autor, sua "memória viva". A escrita (e a análise) é uma viagem desconhecida e, a esse respeito, não importa quanta análise façamos ou tenhamos feito, ou quanto tempo estudamos ou damos seminários sobre Bion ou qualquer autor. Ainda estamos à mercê e tratamos do desconhecido da mente. Estamos destinados a nunca saber quem somos.

Pela beleza da escrita, porque verdadeira, testemunhamos as peripécias de um autor ao tentar lucidez para focalizar a vida psíquica em seu eterno tic-tac. A tentativa é encontrar uma linguagem que dê conta da experiência emocional da sessão, na passagem da *sobrevivência* ao *reconhecimento*,[2] nele mesmo e na dupla analítica. Quais seriam as principais rotas por meio das quais o paciente pode manter a comunicação com seu analista? E vice-versa?

Percebe-se que o autor em seu trabalho não se atém apenas aos níveis mais organizados ou simbólicos do encontro. Sua atenção dirige-se ao hiato entre o que o analisando diz e o que o analista

---

[2] O autor cunha, com base em sua experiência emocional com seus pacientes, dois termos: *linguagem de sobrevivência* e *linguagem de reconhecimento*. A primeira corresponde ao domínio do pré-verbal, aquilo que não pode ser simbolizado ou representado, os resíduos de "dores não sentidas, pensamentos não formados, o incessante murmúrio de elementos psíquicos que não encontram tradução no meio linguístico e persistem como sentimentos vagos e indescritíveis de desolação e aridez existencial" (vide página 180 da presente obra). A segunda, *linguagem de reconhecimento*, aponta para a construção de uma linguagem de comum para a dupla, ainda que transitória e efêmera no campo de uma "Linguagem de Alcance" (Bion, 1970/2006).

sente diante do clima emocional instalado. Consequentemente, e de forma coerente, sua publicação versa sobre a luta para pôr em palavras os padrões observados a respeito do que o analisando faz com a mente do analista.

Péricles escreve o encontro analítico não como relato de uma anamnese histórico-causal ou apenas do caso clínico. Antes, ele se atém à descrição dos aspectos ultra e infrassensoriais para focalizar a ordem imaterial da experiência. Como na música "Message in a bottle", da banda inglesa The Police, transmite o impacto experimentado ao receber uma mensagem de origem desconhecida, e convida o leitor a lhe fazer companhia em busca de alguém, do outro e de si mesmo, de sua origem desconhecida. Parafraseando as palavras do poeta: Polifemo: – *Quem é você? Como se chama?* Odisseu responde: – *Meu nome é Ninguém!*

Interessante observar que o autor escreve crônicas clínicas, utiliza o recurso literário do ensaio, que, ao contrário do pensamento dogmático, expande a possibilidade de lançar mão de modelos com base na experiência própria de cada um, em vez de se dedicar à formulação de grandes interpretações impregnadas de teorias. Ao ler, vemos Péricles se aproximar tanto quanto possível do sítio em que brotam os pensamentos, como a linguagem perdida das gruas, os contextos extraverbais, o analista voltado a aprender a *linguagem de sobrevivência* do paciente para cultivar a *linguagem de reconhecimento* da dupla – algo possível apenas se o analista levar em conta seus próprios atributos pessoais. A importância da arte e da cultura no sentido de enriquecer suas fontes para representar o psíquico está na moldura do trabalho analítico. Em um seminário em Paris, ao ser questionado sobre o caso de os psicanalistas não serem artistas, Bion responde que, então, eles erraram de profissão. O psicanalista busca na arte a expressão do psiquismo.

Modelo é um conceito que Bion propõe desde o início de sua obra, em *Aprender da experiência*, de 1962, e que ao longo de sua vida é revisitado ao discorrer sobre o valor epistemológico desse conceito para o analista. Em seu livro *Transformações*, de 1965, Bion evidencia que o fato selecionado precipita um modelo, como no caso em que Péricles oferece a seu paciente sua imagem onírica do cacto *saguaro* que ele tinha visto em uma viagem ao deserto de Sonora. Nesse momento, o próprio paciente ajuda a dupla a produzir o fato selecionado, descoberta esta que resulta na fala do analista: "Você fala uma linguagem de sobrevivência, não é? Tenho grande respeito pelo seu idioma. É preciso persistência para sobreviver no deserto". Em outro momento, surge ao analista a imagem do sobrevivente de um grave acidente que destruiu uma aeronave, um modelo oferecido ao paciente ante a tensão emocional da sessão. O termo *linguagem de sobrevivência* é decorrente de sua própria experiência clínica e torna-se, aqui, um conceito. O leitor presencia a beleza de algo que emerge paulatinamente na mente do analista, uma construção em análise, proposição cara a Freud no final de sua vida em 1937. Os modelos, embora efêmeros, são mais próximos à experiência do que as abstrações teóricas.

O objeto psicanalítico apresentado neste livro privilegia o contato direto do analista com a realidade psíquica, o que envolve a capacidade de tolerar a turbulência das transformações em alucinose e o contato com a mente primordial. É com esta última que Péricles mais se ocupa na clínica e tenta traduzir em seus textos, deixando claro, logo a princípio, que *traduttore, traditore*. O ficcionista se dá conta do abismo entre a sessão em si e a sua publicação, sempre intransponível. Porém, a necessidade de publicação é pessoal e é parte essencial do objeto psicanalítico. O ser humano, para existir, está fadado a publicar-se para dar voz a seu mundo interior, é solicitado a soltar sua voz nas estradas.

Como na vida, o analista e a dupla estão sempre na encruzilhada entre permanecerem enredados na repetição melancólica do já conhecido, ou ter fé e enveredarem-se no desconhecido. Ao privilegiar o mito edípico, e não apenas o complexo de Édipo, o analista visa sustentar a transição, a persistência na cesura, e não a simples passagem. Trata-se de um processo contínuo e ativo. Péricles fala de paisagens desoladoramente inanimadas, metálicas, de torrentes de associações mudas ou desconexas, mas também de quando "do vazio de fragmentos dispersos e incoerentes um pensamento selvagem é laçado". Da sobrevivência ao reconhecimento, revela-se a vida que brota da linguagem.

Seus ensaios versam sobre um analista insone, ciente dos ataques desferidos à influência vitalizadora da psicanálise. Por quanto tempo é possível permanecer ligado e vivo? Quanto é preciso aprender para conviver com o interior da própria mente, com a contínua interação entre angústia esquizoparanoide e depressiva, estados primordiais e transformações em alucinose? Péricles nos descreve uma linguagem para despertar de estados inanimados, inventa modelos oriundos de experiências pessoais, de seu gosto musical e literário, de suas trilhas sonoras, como as músicas "You don't know me", de Caetano Veloso, "A horse with no name", da banda America ou, ainda, na música do Queen "Another one bites the dust".

O aspecto simultaneamente subjetivo e intersubjetivo da linguagem de reconhecimento se dá pela possibilidade de sentir e ir além do conhecido, sofrer a emoção. Como diz o autor: "O respeito pelo solo sagrado em que o outro se estabelece é uma atitude ética".

Ao descrever sua concepção de Linguagem de Alcance, no capítulo 13 de *Atenção e interpretação*, de 1970, Bion inicia com uma citação da conhecida carta de John Keats a seu irmão, datada de 21 de dezembro de 1817: "Capacidade negativa . . . é quando um homem é capaz de permanecer em meio a incertezas, mistérios, dúvidas, sem a busca irascível por fato e razão" (1958, p. 193). A carta de Keats prossegue no original: "O único meio de fortalecer o próprio intelecto é não decidir sobre coisa alguma – deixar a mente ser uma via para todos os pensamentos, não uma facção selecionada" (p. 193). E Bion (1970/2006), então, oferece-nos esta contundente constatação:

> *o animal humano não parou de ser perseguido pela sua mente e pelos pensamentos a ela associados – qualquer que seja a origem desses. Portanto, não espero que nenhuma psicanálise executada adequadamente escape do inseparável ódio por parte da mente. (p. 132)*

Como todos os bons textos são autobiografias, é recomendável que sejam lidos com os olhos da alma, "lidos em O". Todo bom analista tem ódio à psicanálise e é preciso assumir essa resistência, nosso funcionamento antivínculo, antiverdade. Segundo Bion, o analista necessita estar sensível tanto à linguagem de substituição como à de consecução, ou de alcance. De acordo com Péricles, o analista deve estar disponível tanto à linguagem de sobrevivência como à de reconhecimento, o inanimado e o animado. Bion aborda a questão dos vértices relacionada à linguagem: se o vértice emocional predominante é de inveja e gratidão ou de inveja e voracidade. Caso se trate do último, a personalidade não consegue desenvolvimento, mas divisão e multiplicação submetida à avidez de um superego em que os pontos de vista da moral usurpam o domínio da realidade em uma proliferação fragmentária, decorrente de inveja pelos objetos (ao próprio analista, a si mesmo ou aos objetos estimuladores de crescimento). Bion (1970/2006) conclui o capítulo com esta frase inspiradora para todos os analistas:

> *O que se precisa procurar é uma atividade que seja simultaneamente a restauração de deus (a Mãe) e a evolução de deus (aquilo que é desprovido de forma, infinito, inefável, não existente); essa atividade só pode ser encontrada em um estado em que não haja nenhuma memória, desejo, entendimento. (p. 134)*

Este livro de Péricles é fundamental a leitores interessados em um estilo de clínica moderno e corajoso em que o psicanalista precisa levar em conta não apenas os conteúdos representativos e simbólicos, mas aquilo que não alcança a linguagem. É verdade que essa forma de trabalho experimental, como o autor bem define seu ofício, é possível apenas para quem dispõe de certos fatores de personalidade e pôde experienciar vivência semelhante em sua própria análise. Não é preciso regredir para observar e viver a experiência emocional de estar em contato com a mente primordial, as transformações em alucinose e a contínua interação entre as posições esquizoparanoide e depressiva. Tudo isso é uma escolha, uma decisão do analista. É uma possibilidade para quem puder suportar a dúvida e o cuidado com a própria fragilidade. Isso está presente na proposta de fechamento do livro de Péricles, ao evocar uma lembrança de seu analista Pérsio Nogueira: "O que tenho a lhe oferecer é minha sincera ignorância".

Referências

Bion, W. R. (2006). *Atenção e interpretação* (P. C. Sandler, Trad.). Imago. (Trabalho original publicado em 1970).

Keats, J. (1958). *Letters of John Keats, 1814-1821* (H. E. Rollings, Ed.). Harvard University Press.

Prelúdio

As coisas não querem mais ser vistas por pessoas razoáveis:
Elas desejam ser olhadas de azul —
Que nem uma criança que você olha de ave.

M. de Barros

Recebo no celular uma mensagem de origem desconhecida. Uma pessoa que me chama de doutor solicita um horário, mas não se apresenta. Não sei seu nome e não tenho nenhuma informação a seu respeito. Conta que fui indicado por alguém que igualmente desconheço. Não há a fotografia de uma pessoa no aplicativo de mensagens, apenas uma imagem de grandes prédios de vidro vistos de baixo, tendo ao fundo um céu azul com pequenas manchas de nuvens. Em primeiro plano, identifico um objeto que se assemelha a uma asa metálica. Decido então telefonar. Ouço sua voz e me apresento. Falamo-nos. Após algumas trocas de palavras, consultamos as agendas, definimos data e hora para nos encontrarmos pessoalmente.

No horário combinado, ouço um barulho vindo da sala de espera e presumo sua chegada. Abro a porta, saúdo com um "boa tarde" e solicito que me acompanhe até a sala de atendimento. Vejo sua aparência, seu rosto sorridente, suas roupas de corte fino e sua maneira de caminhar. Noto algo em seus movimentos iniciais e ocorre-me a ideia de uma agilidade hesitante, um titubear, um pequeno solavanco ao adentrar meu espaço. Ouço sons incompreensíveis nesse brevíssimo percurso. Soam como palavras imprecisas, balbucios pronunciados a esmo e que parecem não ter força suficiente para vencer a resistência natural do ar que preenche o ambiente. Soam sons errantes.

Entramos. Após lançar seu olhar pela sala, dirigir-se a uma das poltronas e, finalmente, se acomodar, ocorre um instante de silêncio. Mas não um silêncio qualquer: um silêncio seco, repentino. Percebo-me observado por alguém que, a princípio, parece estar à vontade e que escolhe justamente a poltrona mais distante em relação à minha. Talvez fosse esse seu modo de convocar minha plena atenção, posicionando-se a uma distância que possibilitaria (ou exigiria) uma observação mútua por inteiro? É provável que dessa forma nada possa escapar ao nosso plano de visão. Qualquer movimento, por mais sutil, poderia então ser percebido ou mesmo antecipado. Talvez para se precaver de algum perigo e sair correndo da sala em caso de emergência? A percepção de seu corpo diante de mim faz pensar por um instante que essa pessoa pede para ser vista. Ou se apresenta para esconder? Esconder o quê?

Conta que está em busca de análise e quais os motivos para sua iniciativa. Os assuntos da vida são então relatados com eloquência, o que me leva a crer que aquela história possivelmente já havia sido narrada outras tantas vezes para si e, quem sabe, para pessoas de seu círculo. Sua fala é repleta de detalhes objetivos, seguindo uma lógica de sequências sem causas nem consequências, apenas atribuições de valor, adjetivos sem substância, predicados sem sujeito. Parece se esforçar por organizar em sua mente um universo caótico, baseando-se em critérios de "muito bom" ou "muito ruim" para definir a validade de cada evento espaventado. Em certos instantes sinto frio, talvez uma resposta involuntária a elementos de sua presença que eu qualificaria como metálicos.

Os assuntos envolvem pessoas, especialmente aquelas que desempenham algum papel significativo em sua vida. À medida que tece seu relato, as personagens descritas ganham volume, extensão, alturas desproporcionais, expandindo-se até atingirem um diâmetro gigantesco que praticamente ocupa os oito cantos da sala. Ou além. Logo parece não haver espaço suficiente para a presença de tantas pessoas naquele pequeno lugar. Veio em companhia de muitas pernas e, assim, não estamos a sós.

Cada evento relatado é microscopicamente decomposto e cada partícula adquire um significado importante, porém enigmático, vago, gigantesco, devorador. Se lhe pontuo alguma observação, ouço como resposta um "justamente, só que tem um detalhe...". E sua fala se estende em ramificações que se abrem *ad infinitum*. Assuntos prosaicos vividos com pessoas de seu entorno parecem ser destinados a um escrutínio cirúrgico, mas sem a precisão necessária para uma operação dessa natureza. Há algum detalhe importante que precisa ser dito, mas não é. Elementos metálicos agora se apresentam em minha imaginação como artefatos pontiagudos, lâminas, bisturis utilizados para abrir cortes na pele. O frio se transforma em calafrio. Medo? Quando me dou conta de que começava a me interessar demasiadamente pelas imagens, sinto vertigem, tomo distância e respiro. A mínima oscilação de atenção da minha parte é prontamente percebida. Hesita e, então, sua voz silencia. Em seguida, prossegue.

Sou então acometido por uma preocupação com a quantidade impressionante de reivindicações, protocolos, datas, provas, memórias, critérios, filigranas, dobrinhas, linhas pontilhadas e papéis que provavelmente espera-se que sejam cumpridos com rigor matemático. Esses dados que observo serem lançados em minha direção pouco a pouco compõem em meus pensamentos a imagem de uma pessoa que se dirige a um guichê de repartição pública para fazer um requerimento. Na condição de burocrata a que sou submetido, a possibilidade de contato com a vida, seus deslizes e imprecisões é algo a ser evitado.

Quando tomo a iniciativa de lhe dizer o que penso, sua sobrancelha se arca e recebo de volta uma interjeição exasperada que se opõe ao meu gesto. Agora, em outra perspectiva, são as minhas palavras que parecem se desmanchar no percurso até seus ouvidos. A narrativa de sua biografia é retomada e me deparo com a solidão aflitiva dessa pessoa desprovida de recursos para conter o sofrimento. Assim me parece. Vejo-me na situação de um que deve escutar sem intervir. E seguimos até o limite da hora.

Na semana seguinte, enquanto caminhava pelo bairro, recebo a mensagem de uma pessoa que me chama de doutor e pergunta se nosso horário estava confirmado. Por um instante sinto-me instigado a consultar a agenda com o receio de haver descuidado de algum detalhe importante. Mas não o faço, pois me vi ciente do compromisso. Respondo-lhe brevemente: "Bom dia. Sim, a tal hora".

Chega então uma pessoa de boa aparência, sorridente, com roupas leves e bem cortadas. E, nesse instante, fico fortemente impactado ao constatar estarrecido que, até aquele exato momento, eu não tinha em mente qualquer mísera lembrança que pudesse ligar o nome à imagem dessa pessoa que se encontrava na sala de espera. Eu a recebi com uma surpresa incontida, com um estranhamento semelhante ao que ocasionalmente experimentamos quando reencontramos um objeto que havíamos perdido sem que nos tivéssemos dado conta. Estávamos novamente nos encontrando pela primeira vez. Ou seria essa outra pessoa que tinha vindo? E quem viera antes, com sua *entourage*?

Os assuntos abordados nesse dia soam como repetições levemente modificadas de eventos e situações relatados anteriormente. Lá estão supostamente as mesmas personagens, os mesmos trejeitos, as mesmas palavras de impacto. Se presto demasiada atenção às falas, deixo de perceber o que essa pessoa mobiliza na sessão. Intuo que, em seu gesto, há uma tentativa de evocar familiaridade onde há desconhecimento.

Quando me pronuncio em um instante de silêncio, seu braço se estende com a palma da mão exposta, como quem tenta impedir a aproximação. Aguardo. As cenas de convívio social dominam novamente. O trabalho, a academia, os restaurantes de São Paulo, o trânsito, o barulho da obra ao lado do meu consultório, tudo parece conter algum elemento de suma importância a ser declarado na alfândega da consciência moral. Os sentimentos agressivos, a preocupação com as exigências alheias, a expectativa de satisfazer aos desejos de todos, preencher as lacunas, a falta de intimidade nos relacionamentos, os sentimentos opressivos, as explicações eivadas de irritação, os argumentos concretos, as causas doutrinárias, as regras absurdas de gramática obsessiva, as sequências dispersas de seus atos espalham-se pelo ar e dominam a cena.

Deixo-me afetar pelo terror impronunciável daquele momento. Pouco a pouco sinto que minha visão se torna turva. Fico sem palavras, sigo observando como um daqueles motoristas que reduzem a velocidade ao passar pelo acidente de carro na estrada e me sinto muito mal com minha própria curiosidade. Minha função naquela cena consistia em testemunhar os escombros de uma ocorrência desastrosa narrada por uma pessoa com nítidas aptidões intelectuais, de aspecto físico impecável, mas que se encontrava visivelmente em profundo e desconhecido sofrimento.

Como eu estava há algumas horas trabalhando antes de sua chegada, a certa altura me dei conta de que estava com muita sede. Busco água e vejo que a garrafa que usualmente tenho na mesinha de apoio, ao lado da poltrona, estava vazia. Eu havia esquecido de enchê-la e precisaria aguardar até o término do horário para buscar água. Esse fato, naquele instante, combina com o clima emocional da sessão e me faz pensar em algo da ordem de uma desidratação existencial crônica. Sigo escutando a pessoa que se encontra em minha sala, atento a seus movimentos e suas expressões. Sinto novo desconforto e percebo que minhas lentes de contato estão ressecadas e aderidas aos olhos. Lembro que preciso sair para comprar colírio. Meu coração agora bate cansado. Sinto-me fraco, desesperado por um copo d'água. Entre a tentação de dispersar-me com a sensação da sede e dos olhos secos e manter-me atento ao momento com aquela pessoa sentada diante de mim na poltrona, capto um trecho de sua fala:

– ... muito irritante ter que cuidar de criança, é exaustivo. Ainda mais porque antes eu viajava bastante, mas com os filhos minha vida virou uma camisa de força, e eu...

Ocorre-me, então, um pensamento que lhe comunico mais ou menos assim:

– Se você gosta de viajar, talvez já tenha ido aos Estados Unidos. Lá tem o deserto de Sonora, você conhece? É aquela região entre o sudeste da Califórnia e o sudoeste do Arizona. Parece que não chove nunca naquele lugar. Aquela região é repleta de uma espécie de cacto chamada *saguaro*, sabe qual é? No meio daquela secura mortífera nascem esses cactos que chegam a 10, 15 metros de altura. A estrutura deles é tão resistente que parece ser feita de aço. Talvez por isso consigam sobreviver imponentes durante muitas décadas.

Silêncio.

Nossos olhares se encontram em um ponto distante, mas pela primeira vez se sustentam sem desvios. Noto em seu rosto um discretíssimo tremor. Percebo que em seus olhos surgem minúsculas gotículas pequeniníssimas de água que produzem um brilho opaco e involuntário. Aí está! Após longos segundos, suas pálpebras tencionam. Diz:

– Sempre pensei em mim como uma pessoa muito pragmática. Procuro levar minha vida da melhor forma possível, mas tem horas que isso é muito exaustivo. Parece que não sei falar, por mais que eu fale bem. Acho que falo uma linguagem objetiva porque na minha vida tenho que ter frieza para lidar com fatos e acontecimentos difíceis. Tudo é muito complicado, mas acabo dando conta. Tenho certeza de que esse jeito tem sua utilidade, mas acho que não sei tratar com gente.

– Você fala uma linguagem de sobrevivência, não é? Tenho grande respeito pelo seu idioma. É preciso persistência para sobreviver no deserto.

Ficamos em silêncio por mais tempo. Anuncio o final da sessão. Levantamo-nos, despedimo-nos.

Aproximações

Vários anos se passaram desde aquele encontro. Na ocasião em que escrevi essa pequena crônica clínica, meu objetivo era apresentar a colegas em seminário um relato das primeiras entrevistas com uma pessoa em busca de análise. Ao elaborar o texto, procurei intencionalmente suspender, na medida do possível, quaisquer elementos que pudessem estimular uma compreensão intelectual do que havia ocorrido no encontro com uma pessoa desconhecida. Omiti, portanto, dados pessoais como idade, sexo, profissão, estado civil, eventos biográficos, queixas específicas, informações que usualmente precedem uma anamnese e dariam a falsa sensação de sabermos minimamente com quem estamos lidando. A finalidade desse expediente é chamar nossa atenção àquilo que poderíamos caracterizar como *a ordem imaterial da experiência*.

Ao descrever as sessões, procuro criar condições para que o leitor-analista, ao mergulhar nas *imagens apresentadas como descrições verbais dos acontecimentos*, aproxime-se tanto quanto possível da experiência emocional de forma a favorecer que algum fragmento da realidade dessa pessoa seja captado, sonhado e transformado no ato da leitura. Aprecio os relatos clínicos que conseguem nos fazer ver o analisando, intuir a existência de uma pessoa real, acompanhar a história da sessão de análise transformada em narrativa por outro analista. Espero que um efeito semelhante seja alcançado pelo leitor deste trabalho.

Evidentemente, esse recurso constitui um artificialismo que se introduz e se intromete no vivido. O resultado tem um caráter predominantemente ficcional e ilustrativo no sentido de comunicar, por meio da linguagem, o vértice específico que escolhi para descrever uma realidade que não pode ser traduzida, qualquer que seja a escolha das palavras. O autor-analista é um narrador pouco confiável, mas é a melhor testemunha de como é estar com aquela pessoa em uma sessão de análise. Isso difere muito do efeito que se alcança, por exemplo, com a transcrição de falas da sessão ou com qualquer forma de análise do discurso proferido pelo analisando. O elemento fundamental da experiência viva do observador ficaria excluído, restando-nos apenas resíduos verbais de sua presença. A partir de sua própria experiência, um analista-autor pode genuinamente apresentar as evoluções de seu trabalho clínico.

Todo narrador é pouco confiável, a bem da verdade. Talvez a facilidade para escrever produza em alguns analistas-leitores a falsa impressão de que pude transmitir de modo fidedigno a realidade desses encontros. Não é o caso, admito sem acanhamento. Penso que todo relato que procure comunicar a densidade emocional da experiência vivida em uma psicanálise está de antemão fadado a não cumprir com o pretendido, posto que a realidade é sempre efêmera e impossível de ser apreendida, salvo por lampejos, passagens, *flashes* oníricos. Não podemos conhecer a realidade, recorda-nos Wilfred R. Bion (1965), pois "a realidade não é algo que se presta a ser conhecido. É impossível conhecer a realidade pela mesma razão que é impossível cantar batatas; elas podem ser cultivadas, arrancadas ou comidas, mas não cantadas" (p. 148).[1] Contudo, podemos arar a terra, trabalhar a roça, pegar a trilha empoeirada da sessão e caminhar com o analisando em direção ao desconhecido, alguma brisa, um chuvisco. O futuro de uma análise é incerto, imprevisível e é, ao mesmo tempo, o único horizonte possível.

Cada palavra neste trabalho é carregada de incerteza. Elaborar um texto que tenha por intenção descrever um conjunto um tanto difuso de experiências que possam vir a ter alguma utilidade para leitores que também se aventuram pelas veredas da clínica psicanalítica é, a meu ver, um compromisso que se ampara inicialmente em uma necessidade pessoal de revisão do pensamento com vistas

---

1 As citações de trabalhos consultados em língua estrangeira são traduções livres. Em alguns trechos, optei pelas edições de trabalhos de W. R. Bion em língua portuguesa traduzidos ou organizados por Paulo Cesar Sandler. As referências bibliográficas indicadas ao longo do texto refletem fidedignamente a fonte utilizada em cada citação (edição original ou edição brasileira).

a ampliar as próprias capacidades de suportar o encontro com o desconhecido em cada analisando. Sim, busco neste trabalho resolver um problema particular, apresento-me como sujeito de experiências vividas em psicanálise e tento tornar proveitosa ao leitor a empreitada e suas mazelas. Há também uma necessidade de comunicação, de transformar em linguagem o que se passa no ambiente íntimo da mente do analista em contato com o analisando para que os pensamentos manifestos nesse testemunho encontrem novos espaços para fecundar. Não há segurança na escrita e não há certeza que nos socorra quando o que se pretende comunicar é da ordem das experiências em trânsito. O abismo entre as vivências clínicas e a comunicação verbal é intransponível. E, não obstante, escrevemos e procuramos amparo nos pares, colegas psicanalistas, para compormos um continente favorável no qual o trabalho dessa natureza possa ser vivido, pensado, sofrido, transformado, redigido e, por fim, publicado com suas imperfeições.

A expressão *linguagem de sobrevivência* surgiu espontaneamente como resposta à observação feita por aquela pessoa acerca de suas aflições para contar sua dor de modo satisfatório nos momentos iniciais do trabalho analítico, de um caminho que emerge e se revela como campo fértil para experiências vivas em que o contato com a fugacidade da realidade psíquica pode aos poucos ser tolerado. Muito aos poucos e muito pouco, diga-se de passagem.

O vocábulo *linguagem* traz consigo uma gama de significados pretéritos que podem ser buscados no dicionário, em livros de semiótica, filosofia, psicanálise, compêndios de gramática, tratados enciclopédicos. O mesmo ocorre com o termo *sobrevivência*. Ambos os nomes têm raízes etimológicas que podem ser pesquisadas se quisermos encontrar os caminhos de suas significações isoladamente. Às vezes vale o esforço.

No cotidiano, esses substantivos (ou qualquer palavra) podem ser empregados coloquialmente sem nenhum compromisso com o sentido em suas origens e particularidades. Podem ser usados em situações banais, passar despercebidos numa conversa de bar, tragados com goles de cerveja. Dispõem-se ao risco de se tornarem palavras mornas, palavras áridas, palavras discretas, tímidas, desbotadas, palavras magrelas, palavras passageiras, transeuntes, figurantes, dissolvidas no meio de um texto, de uma frase, uma música, uma peça de teatro, uma sentença judicial. Bion (1977/2014f) tinha particular interesse pelo destino das palavras e metáforas que, com o passar do tempo e constante repetição, acabam naturalmente se desgastando, perdem a vitalidade pelo uso conversacional. Uma metáfora pode enfraquecer até morrer, "a menos que . . . seja trazida à vida pela justaposição com outra metáfora cuja inadequação e não homogeneidade" surtem o efeito de um desfibrilador que lhes restitui a qualidade pulsante da matéria viva (p. 26).

A justaposição *linguagem de sobrevivência* nasce de um pensamento inusitado que emerge do vazio inquietante nas entrevistas iniciais de análise com uma pessoa em intenso sofrimento psíquico. Os termos se casam e concebem um significado novo, trazido à luz como fruto de duas pessoas que, por necessidades distintas, deparam-se com uma presença nunca experimentada que deságua em uma desordem para a qual não há garantias. *O encontro com o outro é um evento catastrófico, pois a singularidade gravitacional resultante da aproximação entre duas pessoas é em si uma experiência catastrófica.* A criatividade advém da disrupção na ordem do suposto conhecido.

A interpretação elaborada a partir de uma imagem onírica (o cacto que se mantém vivo na aridez do deserto) marca uma mudança no campo emocional da sessão. Em meio às generalizações nebulosas do analisando, um elemento intuído é colhido, destacado na transformação do analista: a particularização catalisa uma perturbação dinâmica onde até então prevalecia a paralisia emocional. Do vazio de fragmentos dispersos e incoerentes, um *pensamento selvagem*[2] (Bion, 1997[1977]/2016) é laçado e comunica àquela pessoa assustada que seu esforço para expressar suas aflições não apenas era legítimo e doloroso, mas também *reconhecido* e sustentado pelo continente embrionariamente formado pela dupla. Sua linguagem imprevista e rasurada encontra um destinatário que responde de modo reconhecível, apesar da diferença de sotaques afetivos. Uma ligação se faz e desencadeia uma sequência insondável de transformações. Os efeitos de uma comunicação dessa natureza têm durabilidade e alcance para além do breve período de uma análise, ainda que seja posteriormente esquecida. Quem quer que tenha passado por experiência semelhante certamente intui o que estou afirmando.

Era visível como essa pessoa se debatia na tentativa de pôr em palavras o afluxo de emoções que não encontravam tradução suficientemente justa para pensar sua dor. Isso que não se continha nas palavras lançadas desordenadamente era comunicado por meio de ações, pela forma como mobilizava na situação analítica uma vivência de angústia seca que deixava entrever nas suas falas

---

2 *Pensamento selvagem* é uma metáfora utilizada por Bion para se referir a pensamentos espontâneos, pensamentos livres, pensamentos sem pensador que eventualmente podem ser captados por uma pessoa, uma dupla ou um grupo de pessoas. A premissa é de que o pensamento antecede o pensador. Ao se preparar para uma apresentação que faria em Roma em 1977, Bion registrou em fita cassete, portanto em linguagem oral, suas cogitações sobre o tema que pretendia discutir com colegas psicanalistas italianos. Sua concepção de pensamentos selvagens não foi posteriormente elaborada como conceito, mas podemos detectar as origens e destinos dessa conjectura desde seus primeiros trabalhos (Bion, 1962, 1967a). A transcrição de suas reflexões foi posteriormente elaborada por sua esposa, Francesca Bion, e publicada com o título *Domesticando pensamentos selvagens* (Bion, 1997[1977]/2016).

o sentimento de desespero e algo da ordem de uma expectativa de que, ainda assim, fosse possível encontrar no deserto alguém que pudesse reconhecê-la e reconhecer sua desolação em meio à tempestade de areia que castigava a sessão.

Para sobreviver, convivemos com o mínimo necessário que nos possibilite sustentar a existência, atravessar o sertão, contando com um conjunto bastante restrito de recursos psíquicos, vivendo, possivelmente, dentro de uma faixa muito estreita de possibilidades de pensamento, significação da realidade e contato com a vida. Sobreviver é persistir em modos bastante penosos de relação consigo mesmo e com os outros. E, no mais das vezes, é também um modo de adiamento do contato com a dor, uma forma primitiva de evitar a vivência do sofrimento que possibilitaria à pessoa superar a montagem dramática em que encena suas vivências emocionais e atingir a dimensão da tragédia, da travessia catártica, por falta de palavra melhor, que abre possibilidades novas. A dor apenas pode ser sofrida e ultrapassada em uma *linguagem de reconhecimento*. Na solidão não há solução.

Expressões de reconhecimento e sobrevivência[3]

Linguagem e reconhecimento são questões que considero fundamentais no trabalho psicanalítico. Cronologicamente, são o ponto de partida de meus interesses de estudo em diferentes contextos, autores e gêneros epistemológicos da literatura psicanalítica. Durante o mestrado no Instituto de Psicologia da Universidade de São Paulo, com um período de pesquisa no Birkbeck College

---

3 Esta seção contém excertos do ensaio "Expressões do reconhecimento e da sujeição na experiência intersubjetiva", publicado na *Alter – Revista de Estudos Psicanalíticos*, 30(2), 97-108, 2012.

da Universidade de Londres, publiquei um ensaio (Machado Jr., 2012) elaborado a partir de uma situação clínica semelhante à que apresento na abertura.

Um rapaz chega para as primeiras entrevistas de análise e observo sua presença com um estranhamento familiar. Ele fala e eu o vejo se esforçar para condensar em alguns minutos toda sua história de vida. Ouço e sinto-me ora mais próximo, ora mais distante à medida que suas palavras se revelam e descrevem fragmentos de sua realidade. Faço algumas perguntas, escuto muitas respostas genéricas. Acompanho desvios, perco-me nos rodeios. Vejo um rosto e, por um momento, reconheço algo em sua expressão. Seria dúvida, angústia, curiosidade? Prossigo a entrevista e sou levado pela correnteza de seus verbos. E percebo também a rapidez com que formo opiniões a seu respeito, afastando-me da experiência. Vem então à mente um verso da música de Caetano Veloso (1972): *you don't know me, bet you'll never get to know me*. Sim, é claro que eu não o conheço. A música me desperta para o sonho. Quem está aí?

Na ocasião em que escrevi o artigo, meu foco de investigação voltava-se para o campo dos estudos psicossociais em psicanálise, isto é, das relações entre indivíduo e grupo observadas e pensadas em contextos para além da clínica. A busca por reconhecimento é um assunto que tem sido abordado por diferentes pensadores dentro e fora da psicanálise (Frosh, 2002; Benjamin, 1990; Butler, 2000; Allen, 2006; Žižek, 2006). A abundância de trabalhos que percorrem a questão do reconhecimento por ângulos diversos aponta para sua relevância no pensamento psicanalítico, bem como à complexidade inerente às possibilidades de sua investigação como objeto que se constitui na fronteira com distintos campos do saber. Tal complexidade nos dá notícias de que o ser humano procura no outro uma experiência de pertencimento que jamais pode ser reduzida a formas de compreensão lógicas, intelectuais ou comportamentais. Antes, requer uma especificidade do olhar e uma sensibilidade da escuta que possibilite encontrar em outro ser humano algum reflexo de sua própria existência. Como todas as grandes questões da humanidade, o reconhecimento perpassa inúmeras categorias de expressão na cultura, desde a mitologia até o direito, da teologia à política, da literatura às mídias digitais, da gastronomia à moda de rua, ou nas artes e ofícios da biologia, das ciências exatas, da arquitetura e da física, das formas lógicas às formas estéticas. Escolha uma carta, qualquer carta, examine-a com cuidado. Lá estará alguma expressão do reconhecimento ou seu negativo, pois trata-se de um imperativo ontológico.

Na língua portuguesa, o verbo *reconhecer* é utilizado para designar uma grande variedade de atos transitivos, que partem de um sujeito em direção a um objeto. Algumas acepções desse verbo[4] são: *conceber a imagem de uma coisa ou alguém que se revê; distinguir características de algo ou alguém; admitir como verdadeiro e real; observar; explorar; mostrar gratidão; constatar, admitir como legítimo; e, por fim, rever a própria fisionomia ou traços morais em alguém*. Portanto, reconhecer – e, por extensão, o reconhecimento – refere-se essencialmente à constatação de determinados aspectos do objeto que guardam algum tipo de semelhança com o sujeito, mas que preservam diferenças individuais. Mais além, reconhecer é um ato transitivo envolvendo dois sujeitos. Eventualmente pode se tratar também do ato transitivo de uma pessoa a perceber em si própria uma característica até então desconhecida.

Em inglês, duas palavras são utilizadas para designar reconhecimento: *recognise* e *acknowledge*. Na primeira, identificamos o radical latino *cognitio*, a capacidade de cognição, de aquisição de um conhecimento pela via perceptiva das experiências sensoriais, representações, pensamentos e lembranças (como em: *eu*

---

4 Cf. *Dicionário Houaiss Online* (http://houaiss.uol.com.br).

a reconheci na fotografia). O segundo vocábulo tem a raiz anglo-saxônica *cnawlece*, que se refere tanto a um sentimento de respeito, honra, admiração (*obteve reconhecimento pelas suas contribuições*), quanto a familiaridade e intimidade com algo ou outrem (*ela se reconheceu na angústia da amiga*).

É curioso notar a diferença entre os dois termos. O reconhecimento associado ao vocábulo *recognise* refere-se ao conhecimento racional, a um aspecto objetivo do ato de entrar em contato com algo que pode ser descrito pelas suas características específicas. Por sua vez, o reconhecimento de que trata o vocábulo *acknowledge* indica um aspecto subjetivo da experiência, um conhecimento imediato que se processa sobremaneira pela via dos sentimentos. Essa forma de reconhecimento depende inicialmente de um ato intersubjetivo, transitivo e peculiar na presença de uma pessoa, "de sentirmos imediatamente que estamos em contato com outro ser humano de modo que podemos falar 'nós'" (Bello, 2006, p. 63).

Com base nessa analogia, o reconhecimento do outro pode ser pensado como uma experiência objetiva de identificação de suas características individuais, associada a uma experiência subjetiva de familiaridade e respeito. A alteridade, nesse sentido, é estabelecida pelas relações de contraste, distinção e diferença que possibilitam o discernimento das qualidades singulares do outro, ao mesmo tempo que preservam a dimensão ontológica que une duas pessoas pelos laços de humanidade.

A capacidade de reconhecimento depende de certo grau de amadurecimento da consciência de si que, como tal, aponta para a dimensão ética dos relacionamentos. Sempre me recordo do sentimento de invasão que algumas pessoas conseguem infligir ao impor sua verdade ao outro. Isso pode acontecer até mesmo sem a pretensão de ferir ou ignorar a pessoa, sua presença e importância. A dimensão ética do *reconhecimento do outro como outro*, da experiência de alteridade, depende em grande medida de um despertar consciente por parte do sujeito. Ao contrário da situação invasiva, que pode ou não ter uma determinação predominantemente inconsciente, o reconhecimento pressupõe uma intencionalidade que inclui os aspectos racionais de *recognition* tanto quanto as expressões sublimes de *acknowledgement*. Nas palavras dos psicanalistas britânicos Stephen Frosh e Lisa Baraitser:

> *Este tipo de reconhecimento não é um evento meramente cognitivo, tampouco um reflexo passivo ou espelhamento do que já está, de alguma forma, no outro. Antes, é algo que se estende ativamente em direção ao outro, que cria aquilo que encontra, mas também permite que o outro seja; é, neste sentido, para retomar o tema do sagrado . . . um processo de santificação, em que o que é encontrado no outro é igualmente acalentado especificamente pela sua capacidade de ser diferente, sua alteridade. (Frosh & Baraitser, 2003, p. 779)*

Na experiência de reconhecimento da alteridade, encontra-se implícita uma capacidade do sujeito para lidar com as diferenças e as semelhanças, com a aproximação e o distanciamento entre este e o outro, cuidando para que os contornos psíquicos (a individualidade do *self*) sejam mantidos, e não ameaçados por esse contato. Essa capacidade implica permitir a manifestação das diferenças em paralelo a uma apreciação da semelhança estrutural entre duas pessoas (Benjamin, 1990). Há um limite que deve ser preservado nesse contato, uma delimitação que representa a autonomia e a liberdade de ambos no relacionamento. Eis aí o aspecto sagrado a que Frosh e Baraitser (2003) se referem no trecho citado: o outro em seu espaço interno deve ser respeitado como tal, preservado em sua autonomia e apreciado por sua singularidade. O reconhecimento, no sentido de *acknowledgement*, se expressa pela contemplação do outro com suas qualidades e peculiaridades, o que, em contrapartida, evoca o sentimento de conexão pela constatação da semelhança e suas dores. O respeito pelo solo sagrado em que o outro se estabelece é uma atitude ética, consciente e intencional, um caminhar contínuo em direção à verdade.

O analisando busca *acknowledgement*, o reconhecimento objetivado na figura do analista que possibilite a compreensão de sua própria condição emocional. A tênue linha que separa o conhecimento intelectual do reconhecimento de si não é pontilhada por palavras pretéritas, mas pela moção delicada de significados inconscientes que possibilitem ao analisando uma vivência de contato verdadeiro, marcada menos pelo impacto do olhar do analista que pela sensibilização de sua presença. Estamos, como propõe Gilberto Safra,[5] no campo da *entropatia*, isto é, a experiência de "estar com o outro de uma perspectiva tal que nos deixamos fecundar por alguma coisa que é estranha ao próprio outro. E é estranha não só como elemento mental, mas como fenômeno existencial".

A pessoa apresentada no relato clínico comunica um sofrimento que não se limita às adversidades resultantes da deterioração de sua capacidade para pensar as emoções que a atravessam. Evidentemente no trabalho psicanalítico essas questões relativas ao pensamento são fundamentais para examinarmos a maneira como o analisando pode, ou não, dar conta das vivências que marcam sua forma peculiar de lidar com a realidade e o modo como evade ou se dispõe a metabolizar suas experiências para conviver com a complexidade e o estranhamento que o ser humano tem com a própria mente. Esta é uma preocupação que reconheço em minha prática clínica particularmente orientada pelas contribuições de Wilfred Bion e Melanie Klein. Entretanto, outras perspectivas se

---

5 Comunicação pessoal ocorrida em 21/12/2020.

revelam nesse modo de expressão do sofrimento manifesto como linguagem de sobrevivência.

Por um lado, sobrevivência evoca imagens de guerra, de um flagelo, um acidente, um evento do qual saímos vivos, porém fortemente abalados pela experiência vivida. Recebemos no consultório pessoas assustadas, paralisadas por sentimentos aos quais não temos acesso e para os quais uma pessoa não encontra meios de expressão. Ocorre-me a lembrança de uma moça que buscou análise após ter passado semanas em coma induzido em função de ter sido acometida por uma forma grave de covid-19 que exigiu internação hospitalar com uso de respirador mecânico. Ao recebê-la, relata o ocorrido de um modo quase banal, vazio de emoção, algo semelhante a uma vaga lembrança fantasmagórica, não vivida. Seu olhar era vazio, um olhar desabitado. Escutá-la era profundamente angustiante, pois sentia faltar-me o ar e faltar-lhe um elemento vital que pudesse dar algum sentido à sua comunicação. Após algum tempo de entrevista, uma imagem se forma em minha mente e um pensamento vem ao nosso encontro. Digo-lhe então que ela havia sobrevivido a um grave acidente aéreo que destruiu a aeronave e matou muitos passageiros. Mas, ainda que tenha sobrevivido, a tragédia aconteceu e o grave acidente por ela vivido evidentemente tem repercussões emocionais que ainda se faziam sentir naquele momento de choque. Essa construção (Freud, 1937/2018) serviu como uma pequena narrativa onírica para dar continência a afetos dispersos, ligar os pontos para que ela pudesse vislumbrar alguma noção do seu estado emocional pelo modo como se apresentava a mim naquele instante. *E ao iluminar o elemento da sobrevivência contido em sua comunicação vaga, ilumina-se também o reconhecimento de sua condição existencial* que possivelmente perpassava outras tantas situações desastrosas para as quais essa pessoa não encontrara possibilidades de elaboração, no sentido de ultrapassar sua linguagem de sobrevivência e abrir-se a novas possibilidades de significação para a vida, uma linguagem de reconhecimento.

Sobrevivência nos lembra também que certas emoções podem permanecer longamente em estado de latência e talvez jamais encontrem formas de representação que possibilitem sua inscrição em um circuito psíquico que conduza ao pensamento e ao esclarecimento. Os vestígios de protoemoções (Bion, 1962) sobrevivem e produzem efeitos estranhos à consciência que uma pessoa usualmente pode ter de si própria. É o que ocorre, por exemplo, naqueles momentos da vida em que distraidamente somos pegos de surpresa por algum rápido vislumbre da própria condição humana, das formas mais avassaladoras de desamparo que são inerentes à vida, mas das quais podemos passar uma eternidade sem nos darmos conta. São vivências que podem se insinuar em formas agudas, como em um episódio de pânico, ou de forma difusa, ao modo de um medo permanente e silencioso que pressentimos em alguns analisandos que parecem utilizar o pensamento quase exclusivamente para buscar meios de evitar o contato com a própria vida mental e a natureza violenta das emoções. Bion (1978/2020b) designa essas experiências como "um medo 'subtalâmico', significando com isso toda e qualquer emoção que não alcançou o ponto para poder ser chamada de 'conceitualizada', consciente ou verbalizável" (p. 63). Esse medo não tem forma, não tem ligação com algum evento ou algum objeto que possa lhe servir de continente, evoluir para alguma forma reconhecível como na imagem do lençol que revela a presença do fantasma em desenhos animados. O medo dessa natureza nebulosa pode decorrer "da sobrevivência de alguma capacidade de ouvir e ver coisas que o adulto encara como insano ou neurótico" (p. 64), de modo que se torna frequentemente desprezado, levando o analisando a se sentir portador de um defeito que não poderia jamais ser compreendido por outra pessoa, tampouco modificado.

O analisando então encontra-se em um campo de desolação e torna-se necessário reconhecermos que seu sofrimento tem uma historicidade e um sentido fundamental em sua própria existência. A historicidade refere-se à realidade da existência humana, o caminho percorrido, os joelhos ralados, as omeletes de amora saboreadas em um momento de dor, a vida vivida que jamais poderá ser recuperada ou recontada, não obstante persista em produzir efeitos na maneira como cada pessoa se torna portadora de suas capacidades criativas e de suas paixões. Difere-se de uma noção mimética de sofrimento, frequentemente expressa na forma de memórias e argumentações circulares que alguns analisandos entoam surdamente ao melhor estilo *fale-me de sua infância*.

A historicidade da desolação aponta para um elemento crucial que se vincula com o empobrecimento das capacidades de uma pessoa pensar suas experiências e se estende a infinitas transformações tendendo ao negativo, deficiências no ato de transcrição, poderíamos dizer, da maneira como uma pessoa narra, compreende e dá sentido à sua existência. Essas experiências são decaídas pela falta de companhia, de interlocução com outro ser humano com quem se possa experimentar a vivência de uma intimidade genuína, no sentido de um conhecimento singular que somente pode acontecer na presença do outro. Certas experiências não podem ser resolvidas apenas na solidão dos próprios pensamentos e no remanejamento de respostas conhecidas. Bion (1978/2020b) indaga com profunda simplicidade:

> *Por que se torna necessária outra pessoa? Por que o ser humano não pode ser como a minhoca? Por que ter um parceiro? Por que não ter uma vida sexual consigo mesmo e não ter mais preocupações? Por que a pessoa não pode ter uma relação consigo mesma diretamente sem a intervenção de algum tipo de parteira física*

> *ou mental? Parece que precisamos ser capazes de ricochetear sobre outra pessoa para obter algo que poderia refletir de volta aquilo que falamos, antes que se torne compreensível. (p. 71)*

Identifico-me particularmente com os trabalhos de Bion da década de 1970, momento de sua obra caracterizado por um pensamento complexo cada vez mais próximo de uma fenomenologia da experiência humana em um eixo claramente ontológico. As inexplicáveis *transformações em O*[6] introduzidas em seu sistema conceitual em 1965 trazem em sua notação o sentido de *origem*, *onthos* e *opus*, designando que a experiência da realidade não sensorial se dá em um contínuo movimento gerundivo de "ir sendo", de incompletude e busca de significado, desejo de encontro com a verdade fundamental, "o advento do Ser" (Chuster, 2018b, p. 61).

O domínio de O corresponde ao inapreensível e indizível da realidade que não pode ser diretamente conhecida, mas pode ser experimentada e eventualmente reconhecida a partir de suas transformações, a depender das possibilidades de cada pessoa entrar em sintonia consigo própria. Ao mesmo tempo, o contato com o indizível e o não sensorial da realidade psíquica – o que não é apreensível pelos sentidos comuns – é muitas vezes experimentado como o tumulto de ruídos desconexos, imagens estilhaçadas, sensações corporais repentinas e aflitivas. Basta ficarmos atentos aos movimentos emocionais em qualquer sessão de análise sem desviarmos

---

6 O é um símbolo usado por Bion a partir de sua obra *Transformações* (1965) para designar "o domínio numinoso do inconsciente, onde a verdade humana e a verdade individual residem – a realidade última, a verdade absoluta" (Sandler, 2018, p. 527). Não se trata, portanto, de um conceito psicanalítico, mas de uma notação empregada pelo autor para se referir à realidade que não depende do pensamento, mas que nos mobiliza na busca daquilo que é verdadeiro.

nosso foco para o conteúdo discursivo das falas do analisando ou para qualquer outra forma conhecida de pensamento traduzida, por exemplo, em conceituação psicanalítica. Estar com o outro em estado de abertura ao desconhecido requer do analista muita experiência com sua própria vida mental. E demanda também a formação de um continente receptivo e propício a vivências emocionais que podem eventualmente ser esclarecidas. Isso se dá por meio da análise pessoal do analista com outros analistas mais experientes, pela interação com os pares e no trabalho de supervisão, espaços propícios para se tentar pensar o impensável. Vejo esse pequeno circuito dialógico como uma condição fundamental para trabalharmos em psicanálise no nível dos fenômenos não representados ou não representáveis.

A linguagem da experiência

Em linhas gerais, utilizo o termo *linguagem* para me referir aos modos como analisando e analista se comunicam no *setting* psicanalítico impregnado pela situação transferencial e suas evoluções no curso de uma análise. Esses modos de comunicação se inscrevem e se manifestam em *matrizes de linguagem e pensamento verbais, imagéticas e sonoras* (Santaella, 2005), as quais se combinam não apenas no ato da fala, mas na maneira como a linguagem é empregada para criar cenas vivas que nos contam algo além do que é efetivamente enunciado no conteúdo textual do que é dito, apresentado no conteúdo figurativo das imagens evocadas, ou emitido nas vibrações acústicas das vozes e ruídos captados na sessão. Da interioridade do corpo à intercorporeidade do espaço analítico, a linguagem é aquilo que possibilita transformações desde as mais vagas sensações fisiológicas e emoções, até a mais complexa das elaborações e abstrações que capacitam o ser humano a reconhecer e significar as experiências de vida.

A experiência com a psicanálise, em diferentes contextos, tem me levado a observar duas situações com especial atenção. A primeira se refere ao uso que analista e analisando fazem da linguagem para compartilhar ou reter para si aspectos da experiência emocional mobilizada pela análise. Há ocasiões – e isso constato tanto na minha clínica como nas comunicações de colegas – em que o diálogo entre analista e analisando corre o risco de pender para uma espécie de argumentação a dois em que o *falar sobre* assuntos, fatos e ideias pode predominar sobre o *contato vivo, imediato e perturbador* com a dimensão psíquica dos eventos que ocorrem na sessão. Nessas ocasiões, noto uma espécie de achatamento e simplificação da experiência analítica, de tal modo que o diálogo se restringe predominantemente ao conteúdo manifesto e discursivo – atitudes, comportamentos, relatos e narrativas do analisando –, o que dificulta o reconhecimento e o exame dos aspectos latentes da experiência e dos trânsitos infinitos entre a realidade sensorial e a não sensorial. Essa situação nos expõe ao constante desafio de buscar no trabalho com o analisando um horizonte de comunicação que possibilite restabelecer – e, por vezes, engendrar – o elo com o fenômeno psíquico que se apresenta na análise sempre de forma paradoxal, evanescente, deslocada e velada, em especial pela profusão de palavras e formulações lógicas ou explicativas que predominam em alguns momentos.

A segunda questão diz respeito ao uso que o analista faz das teorias psicanalíticas e de expressões verbais de teor psicanalítico ao formular suas interpretações ou comunicar uma experiência de análise a seus pares, como em uma supervisão ou um seminário clínico. Frequentemente estamos sujeitos a nos apoiar no entendimento intelectual e em um linguajar impregnado de conceitos que, embora coerentes do ponto de vista lógico, resultam em um afastamento da experiência analítica propriamente dita. A distância entre a dimensão experimental do psíquico e a dimensão conceitual da formulação científica é imensa e resulta, quando bem-sucedida, de ciclos de transformações do que foi em sua origem uma *observação de fatos clínicos* elaborada pelo autor de referência, seja este Freud, Klein, Jung, Lacan, Winnicott, assim como outros tantos analistas-autores criativos contemporâneos que tornam públicos seus pensamentos como forma de manter acesa a modesta chama da psicanálise, cada vez mais sujeita às intempéries da objetividade crônica dos sistemas de saúde e das leis do mínimo esforço que dominam o mundo atual.

A própria teoria psicanalítica, nesse sentido, pode ser utilizada como um conglomerado de ideias e narrativas preconcebidas para resguardar o analista do contato sempre intrigante com o não sensorial. Isso não depende do referencial teórico elegido pelo analista para desenvolver seu trabalho clínico. Trata-se, antes, de uma questão de natureza bastante pessoal, que aponta para as necessidades e possibilidades de cada analista, assim como as limitações destas decorrentes. Tal situação frequentemente indica que o analista pode não ter experimentado em sua análise pessoal a elaboração de aspectos mais primitivos de sua própria constituição psíquica. A formulação conceitual originalmente destinada a servir de *vértice* para a investigação do fenômeno mental é então deslocada para a posição de uma *linguagem universal* (Safra, 2004), de modo que o trabalho analítico assume a forma de uma psicanálise aplicada, ainda que inadvertidamente.

A teoria passa então a eclipsar a experiência emocional da sessão em vez de evidenciá-la, toma a cena como uma ação performática organizada sob a forma de substituições, como aponta Bion (1970). Disso resulta frequentemente um entendimento empenhado do ponto de vista intelectual, mas pobre em estofo intuitivo que possibilite o reconhecimento do humano em sua estranheza, ineditismo e incompletude. O analista pode se atar a estereótipos de padrão teórico em gradações que vão do sutil ao vibrante, com descrições impregnadas de abstrações paradoxalmente concretas que não favorecem ou mesmo obstruem o reconhecimento das forças emocionais que se digladiam silenciosamente no analisando. A depender das condições de cada pessoa, é provável que uma análise se estenda durante anos sem que se atinjam pontos cruciais que demandariam esclarecimento para que novas possibilidades fossem vislumbradas.[7]

A aptidão do analista como captador dos afetos mobilizados pelos modos peculiares de comunicação do analisando se revela na escuta psicanalítica, uma sensibilidade desenvolvida e aperfeiçoada ao longo de anos de prática que inclui tanto os aspectos formais do estudo da psicanálise – metapsicologia, fenomenologia das formações do inconsciente, teoria da técnica – como também os aspectos experimentais da atividade psicanalítica. Nesse segundo conjunto incluo a análise pessoal, as supervisões com diferentes colegas psicanalistas, a participação em discussões clínicas, o exercício de escrita da clínica e a publicação de seu pensamento original junto aos pares em reuniões científicas e artigos. Estamos falando de um ofício que requer do analista a disposição para se

---

7 Na década de 1950, o foco dos trabalhos de Bion se volta para as questões relativas à parte psicótica da personalidade, atividade mental presente em todos os seres humanos, mas que usualmente passa despercebida em função de ter a *racionalização* como uma de suas manifestações mais significativas, o que pode levar o analista a supor equivocadamente que esteja lidando com uma pessoa que está pensando. Os trabalhos de Bion nesse período trazem importantes aportes para investigarmos fenômenos clínicos que a teoria e a técnica tradicionais não davam conta de interpretar. Tais fenômenos, na teoria clássica, encontram-se nos limites da analisabilidade, nas chamadas reações terapêuticas negativas (Bion, 1957/1967d, p. 87).

manter em movimento favorável ao crescimento e à revisão constante de suas premissas, em um interminável processo de vir a ser psicanalista, que inclui a expansão do campo linguístico na maneira como o analista capta, elabora e emprega a palavra como reveladora do acontecer psíquico.

A linguagem, afirma Thomas Ogden (2004), é um assunto extenso que "toca praticamente todos os aspectos da psicanálise" e nos põe diante dos fenômenos de "transmissão e criação . . . da experiência consciente e inconsciente de analista e analisando". O autor propõe também uma reflexão sobre as "implicações para a análise da ideia de que a linguagem não é apenas um pacote no qual as comunicações são embrulhadas, mas a mídia[8] através da qual a experiência é trazida à vida no processo de ser falada ou escrita" (p. 201). Tendo em vista que Ogden, nesse mesmo texto, relata sua experiência pessoal com a leitura da obra de Henry James, *The portrait of a lady*, em cuja frase de abertura o romancista seleciona cada palavra "com todo o cuidado de um master chef . . . a apanhar tão somente ervas e vegetais de tamanho, forma, cor, textura e fragrância perfeitas" (p. 212), sua escolha dos termos *transmissão*, *criação* e *mídia* não parece aleatória.

A transmissão pressupõe a presença de duas pessoas buscando estabelecer na sessão de análise um contato emocional, afetivo, uma troca significativa no seio da experiência mobilizada pelo encontro. Supõe também que algo dinâmico transcorre no espaço formado pela dupla e entre estados conscientes e inconscientes, de tal forma que esse algo só pode ser captado e apreendido no

---

8 O termo *mídia* deve aqui ser considerado em sua acepção original que designa meio ou veículo que possibilita a transmissão de um elemento ou manifestação de um fenômeno de natureza sensorial. Por exemplo, o ar é a mídia para transmissão da voz, ou como propõe Bion (1965), a alucinose é a mídia para as transformações em movimento rígido e as transformações projetivas.

momento mesmo de sua transmissão, isto é, em trânsito, de passagem. A presença de um convoca a presença do outro e mobiliza o uso da palavra para firmar ligações ou evitar contato. Há um apelo mútuo engendrado pela presença de ambos na sala de análise. A maneira como esse apelo será atendido, ignorado, atacado, transformado ou performado (apenas para citar algumas possibilidades) dependerá de fatores que somente se farão conhecer ao longo do tempo.

A noção de criação, por sua vez, evidencia o aspecto genético da linguagem, o caráter originário do idioma singular que se funda no encontro e tem o potencial de vivificar uma intuição que não é apriorística nem se extingue ao término da sessão. A *experiência emocional*, cujo delineamento conceitual nos é apresentado por Bion (1962) em *Aprender da experiência*, revela-se no trabalho de análise e depende das capacidades do analista e do analisando de se manterem em uma disposição aberta e apta a captar e elaborar os afetos postos em marcha. O que acontece no encontro é essencialmente da ordem do desconhecido, pois cada sessão é única e não se repete. O desconhecido aqui tem também a marca do não vivido, do não representado, das moções psíquicas em estado bruto que possivelmente nunca alcançaram a qualidade de uma experiência emocional e que, eventualmente, quando as condições são propícias, podem se manifestar de modo inédito e abrupto. A linguagem nesse aspecto opera como *poiesis*, como mídia que conjuga sentidos, imagens e sons, e confere forma e função ao enunciado na palavra como meio de expressão da verdade emocional. Entretanto, memória, desejo e anseio por compreensão obscurecem o caráter singular do encontro analítico ao se ligarem a impressões sensoriais para organizar e dar significado conhecido àquilo que em realidade é uma situação nova (Bion, 1967/2014a).

Evidentemente, em uma sessão de análise transitamos pelos territórios de memória e desejo, de eventos e acontecimentos da vida cotidiana do analisando e das nossas, pois essa é a linguagem comum dos seres humanos, uma linguagem social. Porém, o encontro psicanalítico tem características e especificidades que nos impõem o desafio de transitarmos da linguagem sensorialmente organizada em causas e efeitos, memórias e anseios apresentados em formulações narrativas, para formas de linguagem afetiva a fim de tornar possível uma aproximação com a experiência emocional. Antônio Carlos Eva (2018) destaca que sem essa dimensão afetiva, que é "sempre nova e a ser conhecida, no momento", o diálogo da dupla vacila para a reprodução de algo já sabido, uma simulação de emoções que em fantasia supõe-se estarem armazenadas e que possam ser (re)apresentadas como um assunto a ser (re)discutido (p. 206). É somente no diálogo presente que a palavra veiculada na linguagem pode se tornar um catalisador de elementos conscientes e inconscientes da experiência, tornando-os disponíveis para esclarecimentos e transformações.

As palavras, discute Freud (1905/2017), deslizam pelos sentidos, adaptam-se às circunstâncias, conferem ao linguajar humano uma qualidade de plasticidade e maleabilidade sujeita, portanto, a modificações conforme a função e necessidade do momento. Na situação psicanalítica, a linguagem é vivida e elaborada por meio das infinitas transformações que tecem palavras, afetos e pensamentos em um modo peculiar de diálogo entre duas pessoas. Como na máxima da Bauhaus, *a forma segue a função*. A plasticidade da linguagem aqui evocada sugere que a busca de formas expressivas de comunicação no trabalho psicanalítico é revestida pela experiência estética que convoca e desafia a sensibilidade criativa do analista para lidar com impressões sensoriais, imagens, elementos brutos e oníricos a fim de levantar hipóteses quanto ao que ocorre no domínio da realidade psíquica que apenas pode ser intuída e imaginada.

Uma análise conduzida com atenção e sensibilidade pode proporcionar ao analisando momentos de contato inédito com seu idioma singular e o território psíquico em que se inscreve sua história, favorecendo *o sentimento de existência, o reconhecimento e a fruição de seu potencial criativo, e o engendramento de um sentido de futuro*, sem os quais a vida fica restrita a repetições dramáticas e inertes. A questão crucial é como encontrarmos uma linguagem adequada para nos comunicarmos com o analisando, de modo que este possa reconhecer em sua própria experiência aspectos de si que não encontram na linguagem comum possibilidades de expressão e pensamento.

A escrita como realização da linguagem

Uma das particularidades do trabalho da escrita psicanalítica consiste potencialmente em sua dupla resultante: como *produto final* de uma série de transformações registradas pelo autor-analista ao longo do tempo em que se dedica a investigar um objeto, e como *recurso para a ampliação do próprio campo de onde emerge a pesquisa*. A investigação e a escrita se alimentam do método psicanalítico, ao mesmo tempo que o nutrem com novos pensamentos, diferentes possibilidades de abordar e discutir questões fundamentais do ser humano, outros vértices para apreender a fugacidade da realidade psíquica. Em sua melhor expressão, o fruto da pesquisa em psicanálise pode alcançar realizações nas extensões dos três pilares nomeados por Freud (1923/2011) como procedimento de investigação de fenômenos psíquicos, método psicoterapêutico e disciplina científica (p. 274).

Na condição de um *procedimento processual*, como aponta Safra (2001, p. 172), a pesquisa psicanalítica não se propõe como método para atingir um objetivo predeterminado, comprovar uma hipótese preestabelecida como explicação para um fenômeno ou chegar a conclusões que determinem o esgotamento de uma pergunta. É antes, a meu ver, um modo de investigar e descrever *fenômenos humanos em trânsito* por meio da elaboração operosa de um pensamento que, em certos momentos, aproxima-se de formulações ricas em esclarecimentos para em seguida renunciá-las, deixando aberta a questão em busca de novas realizações.

O campo em que desenvolvo meu trabalho é ao mesmo tempo fluido, subjetivo e dependente da experiência direta com a clínica psicanalítica e, por uma questão de afinidade pessoal, com o texto bioniano. A pesquisa percorre um caminho que a antecede, atravessa e ultrapassa. A composição do texto se dá em um trecho desse caminho, entre a cesura da abertura e a de seu fechamento. O caminho, entretanto, não se esgota. Assim como na clínica, à medida que alcançamos uma compreensão provisória do objeto investigado, abrem-se novas ramificações de interação lógica e experimental que nos levam a perceber ângulos que até então desconhecíamos. Isso se reflete no texto como *um movimento orgânico de pesquisa e poiesis*, de paciência para examinar uma intuição despertada em um momento do processo, e empenho para dar expressão verbal a essa intuição no momento seguinte.

O presente texto se compõe à medida que o pensamento evolui no contato vivo e sinuoso com as questões que me mobilizam a seguir observando e registrando diferentes vértices do objeto que se revela como linguagem de sobrevivência e linguagem de reconhecimento. Como a análise não se dá como coisa linear, sequência homogênea de fatos interpretáveis e compreensíveis, mas como saltos qualitativos de um ponto a outro nos instantes inesperados em que analista e analisando atingem um *insight* significativo, penso que também no trabalho da escrita psicanalítica a elaboração e o esclarecimento do objeto investigado acontecem em ondas de sentidos sempre provisórios. Pelo menos em minha maneira de conceber o *objeto psicanalítico*[9] (Bion, 1962, 1963, 1970), análise e escrita psicanalítica são atos dialógicos: de um com o outro, de um consigo mesmo, de um com o pensamento que aguarda um pensador. Ao escrever, teço e desfio às vezes peças inteiras de texto, procuro apurar o sabor com cuidado para não entornar o caldo ou obstruir o fluxo do pensamento. Esse modo de conceber o trabalho da escrita psicanalítica afina-se pacientemente com a concepção de *reverie* que Bion (1962) menciona apenas algumas vezes em sua obra e que diz respeito à capacidade poiética da mente de produzir imagens e de confiarmos que estas revelam traços do pensamento nascente, evoluções de emoção que – se nos dispusermos a segui-las e acompanhar seus movimentos, vislumbrar sua trajetória – podem alcançar o ponto de uma enunciação, uma formulação verbal carregada de sentido e útil para conhecimento e crescimento.

Cada autor-analista-pesquisador se revela e se modifica junto com o trabalho que pavimenta o solo de suas indagações, abre novas fronteiras e possibilidades de elaboração e transmissão daquilo que tão somente poderia ser concebido como fruto original de seu próprio sítio afetivo, seus recursos expressivos e seu modo de cultivo. Safra (2001) conclama o psicanalista a "investigar para além do conhecido, produzindo um trabalho que revele sua autoria e autonomia de pensamento" (p. 174). A escolha dessa posição – um *ethos* nada tranquilo, diga-se de passagem – leva-me a adentrar um campo de vivências reais, tumultuosas e inquietantes que, ao mesmo tempo, impulsionam, tensionam e transcendem os limites e estilos usuais de um trabalho psicanalítico. Seja pela questão que me trouxe até aqui, seja pela natureza do objeto psicanalítico, a mim não seria possível escrever este livro sem assumir radicalmente a responsabilidade por quem sou e quem me torno à medida que

---

9 A questão do *objeto psicanalítico* em Bion será discutida no terceiro ensaio.

me debruço ora na leitura de analistas-autores, ora no diálogo com colegas e analisandos, na prosa poética da vida cotidiana que encontra morada no texto.

A rede das vozes que ressoam a cada letra digitada constitui um *campo polifônico*, malha de sustentação para pensamentos que ganham corpo nas páginas do trabalho. Converso com o que escrevo e me perturbo com o que ouço de volta. Meu empenho é então levar a atenção tanto quanto possível ao ponto mais próximo de onde brotam os pensamentos, escutar atentamente seus sons, discernir seus sotaques e emprestar-lhes a mão e a palavra para compor com essas vozes um texto que não seja semblante, mas realização de um gesto criativo de relacionamento com o objeto investigado. Assim, o ato da escrita consiste em uma passagem, um trânsito de intuições, uma coagulação imagética de acontecimentos imateriais que demandam uma língua receptível a seus verbos, condição para seu reconhecimento e apropriação.

Em Bion (1970), esses movimentos se relacionam com a *Linguagem de Alcance*, a linguagem experimentada como prelúdio a uma realização que se lança indefinidamente a novas possibilidades e novos pensamentos, bem como à própria ação da linguagem como manifestação da verdade, no sentido de haver encontrado a melhor expressão possível para a experiência de O. A proposta desenvolvida ao longo de todo o trabalho de escrita neste livro é trazer a experiência para o primeiro plano, mobilizar uma linguagem viva e dinâmica que se torne meio de conexão com o analista-leitor, uma linguagem hospedeira na qual nossos pensamentos possam se encontrar e se conceber mutuamente.

Sustentar uma posição autoral em que a escrita realize seu desígnio de despertar no analista-leitor uma experiência emocional de aproximação com o objeto psicanalítico, algo da ordem de uma intimidade epistemológica, requer encontrar um estilo de linguagem textual que realize tanto *a apreensão do objeto*, como *o vértice conceptual* que assumo como analista-autor ao examinar meu encontro com o objeto. Ao mesmo tempo, é necessário que o estilo do texto franqueie a liberdade necessária para que a linguagem seja usada como objeto estético e meio maleável que se presta a constrições e estiramentos, deformações e recuperações de formas harmônicas requeridas para colorir com o som das palavras o aroma que melhor represente as texturas da intuição.

Marina Ribeiro (2019) destaca que o trabalho do psicanalista requer fundamentalmente a

> *habilidade de expressar o vivido: transformar a experiência em estado bruto (elemento beta) em uma forma narrativa comunicável... A narrativa do analista tem a intenção de gerar no analisando [e no leitor] a abertura para novos sentidos, ainda não pensados, ainda não sonhados. Podemos pensar que a literatura, além da psicanálise, também desenvolve e revela essa habilidade humana – a função psicanalítica da mente. E, talvez por esse motivo, entre possíveis outros, a literatura sempre esteve presente na psicanálise, de diferentes maneiras. (p. 182)*

O gênero literário do *ensaio* corresponde ao estilo de escrita que mais se aproxima da maneira como me comunico no cotidiano com meus analisandos. É a forma expressiva que melhor combina com o meu jeito de pensar e falar. O ensaio como opção discursiva para compor um texto psicanalítico marca uma posição epistemológica do autor diante do conhecimento em transiência (Safra).[10] Essa modalidade possibilita uma articulação dialógica

---

[10] Comunicação pessoal ocorrida em 2021.

da *experiência circunscrita da pesquisa*, a atividade transitória de captação e publicação de um pensamento em constante expansão, com *a experiência de amplitude da vida comum*, isto é, o *contexto extraverbal* (Bakhtin, 2011) em que se dá o empenho da escrita. As origens e destinos desse contexto podem ser intuídos pelo leitor, mas jamais se revelam senão de modo oblíquo e fugaz no texto que resulta desses movimentos. Assim,

> *o ensaio distingue-se, antes de tudo, pelo distanciamento do movimento finalista de pensamento, que tem como objetivo atingir um campo de certeza absoluto. Todo seu percurso se faz pela marcha do pensamento que não busca um solo puramente lógico, abstrato e indiferente à experiência, fundamentando verdades universais e necessárias ou coisas do gênero. O ensaio, ao contrário do pensamento dogmático, parte da experiência própria de cada um... abre-se para novos sentidos e interpretações ainda não vislumbrados. (Iafelice, 2013)*

Tal escolha, no entanto, não significa que o trabalho de leitura e aprofundamento das questões conceituais torne-se, de algum modo, menos relevante ou limitado apenas àquilo que serve para justificar o debate e lançar as bases para a elaboração do objeto de pesquisa. Antes, torna-se um desafio a mais na medida em que a opção ensaística requer minha implicação e presença como pesquisador-analista-autor, pois é a partir dessa posição epistemológica que se torna factível conferir coerência à publicação do pensamento e convidar o leitor a percorrer o movimento reflexivo que ao longo do trabalho me propus a sustentar.

Procurei limitar tanto quanto possível a reprodução de elementos conceituais psicanalíticos, ou mesmo o uso de terminologia metapsicológica e elementos de retórica com o propósito de mitigar os ruídos que nos afastariam da intuição do que considero ser parte da vida de um psicanalista em seu ofício. Escrevo na cozinha da clínica, sentado à mesa, tomando café com leite, às vezes um biscoito para acompanhar, vida comum, linguagem peculiar. Penso que esse intuito se realiza no trabalho como momentos de aproximação e recuo no uso de elementos concretos e abstratos de forma a manter uma tensão propícia a produzir ressonâncias em diferentes tons.

O conflito criativo que procuro mobilizar nas imagens e pensamentos apresentados ao longo dos ensaios se dispõe a revelar na experiência da leitura as transformações enunciadas ora como linguagem de sobrevivência, ora como linguagem de reconhecimento, de forma que o leitor se sinta convidado a acompanhar "o processo de combinação e transformação de ideias, podendo complementá-las ou delas duvidar" (Rodríguez, 2012, p. 92) em função da maneira como o objeto é apresentado. O leitor complementa a leitura com seus aromas e seus temperos, ao gosto do freguês. Faz de conta que a casa é sua.

Apresentação dos ensaios

Este livro originalmente foi concebido como coletânea de ensaios autorais, alguns dos quais foram publicados em revistas científicas psicanalíticas. A escolha reflete a natureza processual de movimentos investigativos que se aprofundam e se expandem não apenas em função das elaborações alcançadas no texto, mas particularmente pelas transformações que pude experimentar no trabalho clínico com meus analisandos. Cada ensaio representa um momento desse percurso dialógico de pesquisa e clínica na busca de outros modos de conceber o objeto psicanalítico pelo vértice da linguagem de sobrevivência e linguagem de reconhecimento. O conjunto oferece vértices complementares de aproximação com a experiência analítica, não obstante as perceptíveis variações de teor conceitual e estético reveladas em cada ensaio. Uma vez que a complexidade inerente às experiências da linguagem na clínica psicanalítica jamais se esgota, procurei imprimir ao longo deste trabalho a marca da indagação e da incompletude condizentes com a posição epistemológica aqui adotada.

No primeiro ensaio, introduzo a concepção de linguagem de sobrevivência para designar o modo de comunicação singular e solitário que uma pessoa produz para dar conta de turbulências emocionais vividas em estado de desamparo. Um fragmento do livro *A linguagem perdida das gruas*, do romancista norte-americano David Leavitt (1986), é apresentado como metáfora para questões que encontro no trabalho psicanalítico com analisandos que demonstram dificuldades para dar expressão verbal a suas vivências emocionais, limitando-se usualmente a produções predominantemente intelectuais e evasivas que os impedem de comunicar com alguma clareza a natureza do sofrimento que os leva à análise. A questão que se tornou o foco da minha pesquisa é enunciada nesse ensaio: *como podemos aprender a linguagem de sobrevivência do analisando para engendrarmos uma linguagem de reconhecimento que seja igualmente única, mas compartilhada pela dupla analítica?*

O ensaio traz uma discussão sobre os limites da linguagem como fenômeno paradoxalmente impessoal e interpessoal, que introduz no campo analítico uma dialética fundamental para se conceber com cada analisando uma linguagem de reconhecimento capaz de veicular a intimidade da experiência. Nesse ensaio, proponho um diálogo com textos de Christopher Bollas, Pérsio Nogueira e Thomas Ogden acerca das possibilidades da comunicação analítica nos limites próprios das formulações verbais.

No segundo ensaio, discuto o trabalho clínico com um analisando que se comunicava por bilhetes amassados que continham rabiscos incompreensíveis. A concepção de linguagem de sobrevivência é apresentada pela perspectiva dos fenômenos descritos por Bion (1967a) em seus artigos sobre a psicose, produzidos na década de 1950. As descobertas de Bion nesse período oferecem importantes chaves para pensarmos as relações entre linguagem, pensamento verbal e identificação projetiva no exame de fenômenos da mente primitiva. A presença e a disponibilidade do analista como destinatário das comunicações rasuradas do analisando são examinadas com base na noção de tropismos (Bion, 1992) como condições fundamentais para se buscar com o analisando uma linguagem de reconhecimento que possibilite estabelecer aproximações com a experiência da dor psíquica.

O terceiro ensaio discute a concepção de linguagem de sobrevivência e linguagem de reconhecimento como vértices do objeto psicanalítico (Bion, 1962, 1963, 1970; Chuster, 2018b). Apresento uma crônica clínica em que assumo como linguagem o conjunto de gestos, ruídos e imagens produzidos ou evocados no encontro com o analisando desde o momento em que o recebo na sala de espera até o instante em que, ao deitar-se no divã, capto um murmúrio que organiza elementos até então dispersos em meu pensamento e possibilita oferecer um sentido para sua comunicação rasurada. A atenção aos detalhes aparentemente insignificantes, a capacidade negativa do analista (Bion, 1970) e o estado de vulnerabilidade ao desconhecido são discutidos como fatores que possibilitam a evolução da experiência emocional (Bion, 1962) e a apreensão do objeto psicanalítico pelo vértice da linguagem de sobrevivência e linguagem de reconhecimento.

O quarto ensaio apresenta em prosa poética a elaboração estética da questão de pesquisa, ou seja, *a sua realização como tese*. Apresento ao leitor minha concepção do objeto psicanalítico pelo vértice da linguagem de sobrevivência e linguagem de reconhecimento de forma dinâmica, sem recorrer a formulações teóricas, a fim de favorecer que o contato vivo com o texto possibilite ao leitor a revelação do objeto investigado. A experiência de descobrir e habitar uma linguagem inusitada e aberta a ressonâncias emocionais na clínica psicanalítica é revelada em diferentes camadas textuais. Cenas da vida cotidiana, da experiência de análise pessoal e da leitura de *Grande sertão: veredas,* de Guimarães Rosa (1967/2001), são introduzidas como narrativas oníricas para descrever a natureza ontológica do contato com a realidade não sensorial, tendo como *leitmotiv* as questões relativas ao encontro com o desconhecido conforme discutido por Bion (1970) em *Atenção e interpretação*.[11] Nesse intuito, o estilo da prosa poética convida o leitor à experiência de aproximação com a alteridade, emulando-se no próprio ato da leitura o objeto que se apresenta analiticamente como linguagem de sobrevivência e linguagem de reconhecimento.

No último ensaio, ofereço uma síntese do caminho percorrido ao longo da pesquisa pela perspectiva de suas evoluções em um gradiente de experiências. Da hipótese definitória enunciada no primeiro ensaio até o ápice de sua expressão investigativa na ação interpretativa do quarto ensaio, o processo de composição do trabalho é revisto à luz das transformações orgânicas experimentadas simultaneamente em diferentes dimensões: na leitura de textos, na elaboração dos ensaios, nas vivências clínicas, na análise pessoal e nas relações com grupos de colegas em diferentes contextos atingidos pela experiência da escrita. Nesse ensaio, procuro arrematar alguns fios do tecido produzido ao longo do livro, deixando disponíveis outras meadas para elaborações posteriores.

Convido o leitor a desfrutar da travessia percorrida.

---

11 Em especial no capítulo "O místico e o grupo", texto que frequentemente suscita interpretações literais e ingênuas quando são atribuídos sentidos concretos àquilo que Bion apresenta como modelos e metáforas.

Once upon never: a linguagem perdida das gruas[1]

No livro *The lost language of cranes* (1986), do qual extraio o título deste ensaio, o escritor norte-americano David Leavitt narra os conflitos familiares vividos por um jovem de classe média, Philip, que certo dia, acidentalmente, assusta-se ao se dar conta da força impetuosa de suas paixões e de sua incapacidade de encontrar palavras para descrever a tempestade emocional que o aflige.

Outra personagem desse romance, Jerene, doutoranda em filosofia da linguagem na Universidade de Stanford, também se depara acidentalmente com algo que afeta radicalmente o rumo de sua vida e a direção de suas investigações acadêmicas. Durante uma pesquisa na biblioteca da universidade, Jerene encontra um artigo psicanalítico que descreve o caso de uma criança chamada Michel. À medida que lê a síntese do relato, ela sente despertar dentro de si uma angústia que a toma de assalto e a faz mergulhar no texto como se adentrasse um universo paralelo que guarda

---
1 Publicado na *Revista Brasileira de Psicanálise, 53*(3), 59-74, 2019.

inúmeras semelhanças com algo que ela mesma intuía silenciosamente sobre si.

Filho de uma adolescente com histórico de problemas mentais, Michel vive abandonado em um cubículo nos subúrbios de Nova Iorque enquanto a mãe vagueia pelas ruas da cidade, imersa em sua loucura privada. Sobre o pai, nada sabemos. Os cuidados para com o bebê eram precários. A despeito dessa precariedade, Michel sobrevive. Ele chega aos 2 anos de idade sem aprender a falar: grita, berra, chora, emite sons apavorantes, que atravessam as paredes e chegam até os vizinhos, os quais frequentemente tentam intervir, embora sem sucesso.

Certa vez, a mãe sai de casa e desaparece por dias, deixando Michel à própria sorte. Assolado pelo terror do desamparo, ele grita a plenos pulmões. Os vizinhos batem à porta, ninguém responde. Queriam, a princípio, que o garoto se calasse e deixasse de importuná-los. Depois de muito chorar e perturbar longamente o sossego dos vizinhos, em determinado momento Michel emudece. O som é interrompido subitamente. Nada mais ecoa de dentro do cubículo sujo e precário. Os vizinhos estranham. O silêncio ensurdecedor torna-se então motivo de inquietação e alarme. Desconfiam que o garoto esteja desacompanhado, talvez morto. A polícia e a assistência social são acionadas. Encontram Michel esquálido, absorto, não obstante vivo. Sozinho em uma espécie de berço mal-ajambrado, segura-se na grade e parece envolvido em uma espécie de transe. De vez em quando, seu rosto se volta para a janela e emite grunhidos que soam como arranhões metálicos. A assistente social observa com curiosidade. Ao olhar através da janela, ela vê um pátio de construção onde estão instaladas gruas gigantescas, das quais pendem bolas de demolição. Conforme as gruas acendiam os faróis, basculavam os eixos metálicos, produziam sons ferozes dos motores e arremessavam as bolas contra as ruínas de um prédio antigo, o pequeno Michel as imitava com movimentos bruscos de braços, pequenos guinchos estridentes produzidos por entre os dentes e sons de estalo feitos com a língua.

Michel é levado para um abrigo. Os anos passam, e ele chega à adolescência sempre imerso em um estado de selvagem isolamento. É nesse ponto que ele começa a ser acompanhado pela psicanalista que havia publicado o artigo encontrado acidentalmente por Jerene. Michel não interage com outras crianças, não se interessa por outros brinquedos. O mundo que ele conhecia limitava-se aos movimentos robóticos dos braços e aos sons de apelo às gruas que, tal qual um útero metálico, lhe haviam fornecido um ponto de apoio e provido um contorno sensorial para seu terror sem palavras. À medida que Jerene lê o trabalho, algumas perguntas lhe vêm à mente:

> *"Como eram esses sons? Como será que ele se sentia?" A linguagem pertencia unicamente a Michel e agora estava para sempre perdida para ela [Jerene]. Quão maravilhosas, quão grandiosas aquelas gruas devem ter parecido a Michel em comparação com as pequenas e desajeitadas criaturas que o rodeavam. Pois cada um, a seu modo, ela acreditava, encontra aquilo que deve amar e o ama. A janela se torna um espelho. Seja lá o que amamos, isso é quem somos. (Leavitt, 1986, p. 177)*

Valho-me dessa recordação literária como prelúdio para delinear o território em que desenvolvo este trabalho. Tenho em mente o impacto que a leitura do romance de Leavitt teve em minha vida, especialmente por haver nela encontrado ressonâncias de uma experiência que me parecia bastante familiar durante a adolescência: as sensações de inundação passional e o sentimento de frustração ao tentar me expressar em um idioma sem referências conhecidas, uma língua que em grande medida não encontrava tradutores nem intérpretes com quem fosse possível desenvolver uma conversa verdadeira.

A breve descrição de uma personagem que acredito ser fictícia, Michel, o menino das gruas, oferece imagens que nos servem para pensar o trabalho psicanalítico como processo de (r)estabelecimento de vínculos humanos, intra e intersubjetivos, por meio da linguagem. Vejo Michel como uma metáfora para o sentimento de solidão, isolamento e sofrimento que acompanha todo aquele que busca na análise um outro que seja capaz de compreender sua linguagem perdida das gruas. Costumo designar esse fenômeno como *linguagem de sobrevivência*, para indicar um modo de comunicação singular e solitário que uma pessoa produz para dar conta de turbulências emocionais vividas em estado de desamparo, isto é, nos limites do quanto se pode contar (ou não) com a presença do outro.

No contato cotidiano, essa linguagem passa despercebida. As pessoas conversam entre si, aprendem expressões, *slogans*, usam palavras da moda, dos *memes*, dos *posts* de Facebook e comentários de Instagram. Falam o que ouviram dizer e se expressam por meio da repetição mimética como modo de aplacar o vazio que ameaça se revelar nos momentos de descuido. Podem falar aquilo que os outros querem ouvir, contam sobre seus fins de semana com amigos, falam com os pais por telefone, descrevem seus sintomas quando vão ao médico.

A linguagem a que me refiro é útil para as operações fundamentais da vida prática, mas carece da vitalidade necessária para formar vínculos emocionais entre elementos e engendrar novas concepções mobilizadoras de sentido, para si e para o outro. A linguagem de sobrevivência recorre à paralisia de formulações prontas e encapsuladas para dar conta da oscilação que se agita silenciosamente no íntimo de suas palavras. Nesse sentido, ela revela o "sentimento de desespero que influencia a vida de uma pessoa" fadada a buscar na reorganização incessante de esquemas de linguagem um senso de pertencimento por meio da adesão ao conhecido, com "um sentido muito restrito de futuro que essas representações carregam com elas" (Bollas, 1992, p. 56).

A língua vernácula é aprendida e pode mesmo ser dominada com maestria. Mas, quando uma pessoa chega ao consultório para uma primeira conversa com o psicanalista, acontece algo que parece iluminar os contornos dessa linguagem única. Nela detectamos os vestígios de uma linguagem mais primitiva, cujas manifestações

> *soam como palavras, mas carecem do poder e do significado das palavras que auxiliam no pensamento e na comunicação. Elas não são produtos da mente (elementos alfa), mas se parecem mais com algo viscoso, como lágrimas ou outras excreções corporais, ou mesmo o ar quente e vazio de um suspiro pesado. (Reiner, 2012, p. 51)*

Os primeiros indícios são percebidos em sua atitude diante do desconhecido da sala de análise. Certas pessoas chegam e falam sem parar. Algumas falam como se estivessem na farmácia, pedindo um remédio para tosse. Outras pronunciam palavras trêmulas, sedutoras, enigmáticas e sem destino. A linguagem de sobrevivência vai aos poucos emergindo no contraste com a sensibilidade do analista, que pode escutar naquele que o busca vestígios de palavras malformadas, murmúrios interrompidos, sons errantes em busca de abrigo. Há que ter respeito pela linguagem de sobrevivência, pois é no limite desta que se move o ímpeto que leva a pessoa a mais uma vez buscar ajuda, ainda que seja sua primeira experiência com um analista.

Como a personagem Jerene, pergunto-me com frequência *quais seriam os sons originais, a vivência emocional mais bruta e verdadeira* daquilo que o analisando expressa na forma das palavras que pronuncia, seus maneirismos idiossincráticos, suas entonações (que talvez sejam vestígios de identificações remotas), suas formas narrativas, suas conjugações pouco usuais, suas figuras de linguagem, ora brutas, ora mais sofisticadas. *Como será que suas emoções são vividas, quando a linguagem disponível para o analisando naquele momento parece ser insuficiente ou demasiadamente rasurada para dar forma a suas experiências mais íntimas?*

Os limites da linguagem

Ruth Malcolm enuncia de maneira extremamente simples que "o processo analítico é um processo de comunicação" (1989, p. 103). É certo que se trata de uma modalidade peculiar de comunicação, atravessada pela situação transferencial, pelas teorias que o analista tem em mente, pelas condições particulares de cada analisando. Como a personagem Michel, a pessoa que busca análise chega até nossos consultórios com uma organização linguística à qual temos acesso somente por meio de sua apresentação fenomenológica. Somos apresentados ao mundo interno do analisando por meio de suas verbalizações, mas também somos afetados por seu *contexto extraverbal* (Bakhtin, 2011), aqueles elementos singulares que caracterizam a estrutura de significação desse mundo interno com sua gramática afetiva particular.

Por outro lado, a fala do analista desperta no analisando respostas e reações emocionais às quais igualmente teremos acesso somente pela linguagem própria daquele que nos procura, uma linguagem que frequentemente se organiza como meio de resistência para dar conta de uma agitação emocional que se apoia no que for possível para encontrar alguma vazão. Como então estabelecemos com o analisando um canal de comunicação que possibilite o reconhecimento de sua singularidade a partir do estranhamento e das limitações próprias dessa mesma singularidade? *Como podemos aprender a linguagem de sobrevivência do analisando para engendrarmos uma linguagem de reconhecimento que seja igualmente única, mas compartilhada pela dupla analítica?*

Em um texto sobre a ética dos relacionamentos humanos, Stephen Frosh (2010) propõe um delineamento da experiência psicanalítica pelo vértice da dinâmica do contato entre duas mentes, analista e analisando, e de como as sutilezas que percorrem a formulação dessa dinâmica se revelam por meio da linguagem. Segundo o autor, a psicanálise em suas formas contemporâneas se interessa em

> *como a fantasia adentra as relações humanas, como o sujeito pode se tornar um outro amado ou odiado para o outro, o que significa (ou como se sente) uma pessoa ao estar em conexão próxima e ao mesmo tempo conturbada com um outro, e em modos de articular e aliviar o mal-estar através da construção de relacionamentos que sejam abertos e, em importantes sentidos, verdadeiros. (p. 127)*

Nessa perspectiva, o reconhecimento do outro é tomado como um evento que envolve uma dinâmica ativa do encontro de duas pessoas, em que o movimento mútuo de se estender em direção ao outro tem o potencial de viabilizar a emergência ou a manifestação de algo que pode ser experimentado como verdade. O vocabulário do reconhecimento do outro perpassa a compreensão dos limites da linguagem como meio de expressão da experiência íntima de cada pessoa. Dentro do que chamei de linguagem de sobrevivência, encontramos com cada analisando o desafio de perscrutar as raízes de seu idioma pessoal, ao mesmo tempo que (delicadamente) fornecemos insumos para que seus recursos de comunicação se expandam, tendo o cuidado de não provocar uma perturbação além do que pode ser suportado no campo engendrado pela dupla.

Frosh traz para o debate a função que a linguagem desempenha na própria configuração da relação eu-outro. Desde sua fundação com Freud, a psicanálise reconhece a potência da palavra como elemento que ao mesmo tempo constitui e perturba a dinâmica intrapsíquica, mas também está interessada naquilo que fica de fora das possibilidades de simbolização, isto é, no "contínuo murmúrio do não linguístico . . . naquelas experiências que parecem nos escapar justamente quando estamos prestes a enunciá-las" (Frosh, 2010, p. 139).

Fico pensando no modelo do menino das gruas para refletir sobre os aspectos da linguagem própria do analisando, que derivam não apenas de suas possibilidades expressivas, no sentido de traduzir ou comunicar seus movimentos emocionais, mas também, em alguma medida, de algo que poderíamos designar como *impessoal*. Nascemos em um tecido linguístico que nos antecede e extrapola os limites de nossa compreensão, transcende tempo e espaço, lança-nos em contato direto com o desconhecido. Arnaldo Chuster (2018b) introduz a discussão de que o campo das trocas simbólicas é mediado por *símbolos heterônomos* e *símbolos autônomos*. Os primeiros incluem toda a gama de "símbolos adquiridos da cultura dentro da qual o sujeito habita" e na qual "encontra ferramentas comuns a todos: os conceitos". Por sua vez, "os símbolos autônomos são os criados pelo indivíduo ou o resultado do processamento psíquico que marca a subjetividade" (p. 55).

A apropriação daquilo que advém da cultura revela-se no fenômeno social que denominamos *língua materna*, nas malhas de significados linguísticos infinitos, nos signos e conceitos que organizam a dimensão impessoal da vida psíquica, visto que decorrem de sistemas que precedem a existência de cada indivíduo humano. Mas é nessa e por meio dessa malha que extraímos elementos para formular nossa linguagem pessoal, sempre de forma incompleta e precária. Frosh (2010) relaciona essa interface simbólica com o elemento impessoal a que aludi metaforicamente quando da apresentação da narrativa do menino das gruas:

> *Aquilo que é silenciado sustenta a fala, mas também é por ela excluído. É ainda a impessoalidade da fala que é importante aqui, pela qual se entende o modo como a linguagem funciona como um sistema que não está simplesmente à disposição dos falantes individuais, mas tem suas próprias regras, sua própria maneira de fazer as coisas. (p. 139)*

Somos produzidos pela palavra. Com a palavra precisamos nos articular, encontrar meios de expressão subjetivos (a dimensão dos símbolos autônomos, discutida por Chuster), mas para tanto precisamos recorrer a esse sistema com vida própria que independe e extrapola o desejo dos seres falantes. Frosh cita a poetisa inglesa Denise Riley para discutir esse núcleo impessoal que atravessa os sistemas linguísticos e cujas repercussões podem ser captadas na maneira como cada pessoa experimenta conexões e rupturas afetivas no contato com o outro. A exemplo disso, Riley (2005) observa "como a mais profunda intimidade junta o supostamente linguístico ao supostamente psíquico" (p. 11, citada por Frosh, 2010, p. 139). Ambas as dimensões são indissociáveis, porém operam a partir de conjuntos infinitos com sucessões de signos, ou "protossímbolos individuais que vão sofrendo transformações até emergirem no campo de trocas simbólicas" (Chuster, 2018b, p. 35). Mais que um antagonismo entre a linguagem que deriva das formas impessoais e aquela que decorre da experiência viva do sujeito humano, Riley (2005) propõe uma concepção de "palavras afetivas que nos habitam", isto é, que possamos apreciar o fato de que "a linguagem se insinua dentro das pessoas e impõe a impessoalidade no coração de cada sujeito humano" (p. 11, citada por Frosh, 2010, p. 139).

O elemento impessoal se revela na obra de Leavitt (1986) pela imagem da criança movimentando os braços e emitindo grunhidos como uma metáfora para os conflitos internos vividos pelas personagens Philip e Jerene, aprisionadas em um sistema linguístico insuficiente para traduzir as correntes emocionais que os arrastam para cada vez mais longe de seus anseios por afeto. Philip havia aprendido a falar coisas que as pessoas falam quando querem dizer o que pensam, mas não o que sentem. E percebe, para sua desgraça, mas também para sua eventual libertação, que passou a vida inteira reproduzindo uma linguagem extraída de um seio familiar árido e sem vida, uma fala incapaz de estabelecer vínculos afetivos. A linguagem como meio de comunicação supõe o reconhecimento da presença de duas pessoas abertas ao encontro. O analisando que se expressa em linguagem de sobrevivência pode ser capaz de dar indícios de seu sofrimento sem que isso represente para si, do ponto de vista emocional, uma experiência de comunicação – de troca com alguém percebido como outro. Segundo Anne Reiner (2012),

> *uma vez que a linguagem capaz de preencher a lacuna entre duas pessoas com mentes únicas e independentes reflete a capacidade de desenvolvimento da individuação, o paciente que não possui essa capacidade não sabe que está falando com um indivíduo separado fora do eu. (p. 46)*

O ofício psicanalítico demanda nossa sensibilidade e atenção aos limites e suas simetrias: eu/outro, dentro/fora, intra/intersubjetivo, consciente/inconsciente, finito/infinito, isto é, o trabalho na cesura, conforme propõe Bion (1977/2014e). A dimensão da impessoalidade atravessa os processos de expressão humana, dado que estamos inseridos em um sistema linguístico que opera não apenas por sons, mas por silêncios, por afirmações e murmúrios, por elementos verbais, pré-verbais e não verbais. Ainda que impessoal, é somente por meio da linguagem que podemos experimentar a potência do acontecimento humano em suas expressões mais singulares e criativas. A intuição analítica traz consigo a possibilidade de auxiliar o analisando a navegar pelas imprecisões da linguagem para encontrar em sua própria voz algo que lhe comunique a mais íntima experiência de ser.

A comunicação analítica nos limites da linguagem

Como humanos que somos, também o analista precisa se valer das possibilidades e limites da linguagem para estabelecer com cada analisando um idioma próprio, que ao mesmo tempo seja o *meio de conexão afetiva* e o *indutor de novas conexões afetivas*. Entre sons, palavras e pausas, algo se insinua a despeito do que poderíamos designar como uma intencionalidade da consciência no sentido fenomenológico. As experiências pessoais do analista em contato com o universo das expressões estéticas proveem elementos que podem sensibilizar e facilitar a captação de imagens e movimentos afetivos que se imiscuem na linguagem falada do analisando. A proposta freudiana de associação livre visa introduzir no espaço analítico um elemento de liberdade radical. De nosso ponto de vista, tudo aquilo que o analisando diz e faz e a forma como o diz e o faz são recebidos como precipitações do inconsciente – portanto, fundamentais para o trabalho da escuta e do pensamento onírico. Na condição de um diálogo ativo, o analista recorre predominantemente à linguagem verbal para se comunicar com o analisando, "mas sabemos também que esse ideal nunca é completamente atingido, pois o tom de voz do analista muda, ele se movimenta ou fala de maneira que pode comunicar ao paciente mais do que ele gostaria" (Malcolm, 1989, p. 110).

As inflexões, as modulações, a respiração, o barulho de objetos manuseados durante a sessão (como um lápis ou um copo), os goles d'água tomados para arrefecer ou fluidificar os pensamentos, os sons emitidos pelo corpo do analista, enfim, podem ser escutados pelo analisando como ruídos persecutórios ou provas flagrantes de elementos da verdade emocional que ainda não alcançou o estatuto representacional de palavra enunciada. Em todos os casos, esses elementos extraverbais se inscrevem na partitura da música que está sendo composta pela dupla analítica, alternando entre a harmonia e a cacofonia para dar contorno à experiência emocional vivida na sessão.

Em um trabalho recentemente publicado, Thomas Ogden (2018) discute a maneira como ele conversa com seus pacientes, pondo em pauta também os limites da linguagem e a função dos mal-entendidos como elemento que, de um lado, desorganiza e, de outro, favorece o contato com a verdade emocional do analisando. Ele parte da constatação de que, "em todos os momentos de seu trabalho juntos", analista e analisando "esbarram no fato de que o imediatismo de suas experiências vividas é incomunicável" (p. 400). Aquilo que se experimenta nos limites da linguagem marca, portanto, uma hesitação inevitável: estamos ambos diante um do outro para desenvolver uma conversa a partir de elementos que de antemão são incomunicáveis. Ogden cita William James (1890) para descrever a paradoxal experiência de isolamento e abertura que caracteriza o contato entre duas mentes humanas:

> *Cada uma dessas mentes guarda seus próprios pensamentos para si mesma. Não há concessão ou intercâmbio entre elas. Nenhum pensamento sequer chega à presença direta de um pensamento em outra consciência pessoal que não a sua. Isolamento absoluto, pluralismo irredutível é a lei . . . As lacunas entre tais pensamentos [de duas pessoas] são as fendas mais absolutas da natureza. (p. 226, citado por Ogden, 2018, p. 400)*

Penso nessas fendas como um equivalente daquilo que assinala os limites da linguagem como meio de comunicação entre as pessoas. A distância que marca a separação entre analista e analisando é a premissa fundamental para que haja o encontro e o reconhecimento do outro em sua expressão mais radical. A separação, a distância entre a experiência vivida por cada pessoa na dupla analítica, não representa algo a ser superado, mas a própria condição para que desse encontro nasça a experiência de contato genuína. Penso nessa fenda como o espaço em que se pode acolher a experiência criativa por meio da construção de uma linguagem comum à dupla analítica, de tal forma que analista e analisando "sejam capazes de comunicar *alguma coisa parecida* com nossas experiências vividas através da re-(a)presentação da experiência" (Ogden, 2018, p. 400).

O que pode sustentar uma parceria criativa na sala de análise, considerando-se que estamos sempre nos limites da linguagem, nos limites da experiência emocional e nos limites da interpretação – essa curiosa tradução que opera na voz do analista e que vive ameaçada de causar perturbações cujos efeitos por vezes demoram a ser captados? Dito de outra forma, aquilo que o analisando nos apresenta em linguagem de sobrevivência tem sua razão de ser. Os mal-entendidos, os subentendidos e os não entendidos revelam no diálogo analítico os vestígios de experiências que levaram uma pessoa a organizar por reflexo, instinto ou reprodução aquela linguagem que lhe é peculiar. Como no caso do menino das gruas, são as idiossincrasias e os sons imitativos que serviram um dia de ponto de apoio para dar contorno a uma experiência sem nome. Como as bolas de demolição que ganhavam impulso ao serem movimentadas pelas gruas para investir ferozmente contra os edifícios a serem destruídos, também a linguagem de sobrevivência do analisando abriga em sua estrutura uma força bruta que persiste a qualquer ameaça de desmonte. O núcleo que deve ser protegido é protegido a todo custo. É tanto o que impulsiona quanto o que refreia a possibilidade de contato com a verdade.

Ogden (2018) descreve algo semelhante ao afirmar que "'a indisposição' ou 'a incapacidade' de fazer o trabalho analítico quase sempre reflete o equivalente transferencial/contratransferencial do método desenvolvido na infância para proteger sua sanidade e sua própria vida, método que vejo com reverência e até admiração" (p. 402). O respeito à linguagem de sobrevivência do analisando é, a meu ver, a condição mais fundamental para que sejam mobilizados os recursos necessários para escutar, por meio das idiossincrasias e maneirismos, *os sons originais e a vivência emocional mais bruta e verdadeira* daquilo que o analisando expressa na forma das palavras que consegue pronunciar. Nos limites da linguagem, o analisando experimenta a dor que muitas vezes não pode ser vivida, que se expressa em terminologias imitativas em busca de uma escuta que reconheça nessas limitações "as forças subjacentes que levaram o paciente a buscar ajuda na análise" (Ogden, 2018, p. 402).

Nos limites da árida e por vezes desértica linguagem de sobrevivência do analisando, a fala do analista tem a função de reconectar fragmentos de sons originais, restituir-lhe pouco a pouco o orvalho emocional que poderá eventualmente evoluir para uma experiência de contato verdadeiro. As falas do analista designam sua escolha em lançar luz sobre determinado fragmento do encontro analítico em detrimento de outros, revelando, portanto, nossa condição de interlocutores nada isentos. Pérsio Nogueira (1993), ao discutir o problema da comunicação no trabalho psicanalítico com adultos, adverte que

> *as interpretações revelam uma intencionalidade do analista . . . Qual seja ela, não importa, no momento, para nosso problema. O significativo é que ela está presente, e pela sua presença dará significado e direção a todo o processo comunicativo que se estabelece. Por assim dizer, abrirá alguns canais de comunicação e simultaneamente fechará outros; remeterá as palavras e leituras a dado contexto e afastará de outros. (p. 134)*

A advertência enunciada por Pérsio vai no sentido de explicitar a complexidade da situação analítica, dado que, no cruzamento das enxurradas transferenciais que atravessam e precisam ser acolhidas com a chegada do analisando, o analista é primordialmente colocado no lugar das figuras de autoridade que levaram o analisando a engendrar sua linguagem de sobrevivência. Ou seja, temos o desafio de desconstruir e reconstruir o tecido linguístico que envolve o analisando, tomando o cuidado de primeiro aprender os signos, os sintagmas, o léxico e a gramática característicos de sua língua estrangeira singular. O exercício da dúvida sistemática diante da fala do analisando pode auxiliar o analista em seu laborioso ofício de recuperação dos sentidos de cada linguagem de sobrevivência que lhe é apresentada a cada sessão de análise. Evocando mais uma vez as palavras sinceras de Pérsio, possivelmente inspiradas em Bion:

> *O importante é fixar-nos no fato de que o universo emocional onde está inserida a palavra e o discurso podem contribuir para uma alteração marcante em seu significado e ser reveladores das mais diversas ansiedades. Isso nos deve levar a um extremo cuidado pelas consequências que se estabelecem para o lado da comunicação; ou seja, devemos ser cautelosos em acreditar que quando conversamos com alguém na mesma língua estamos falando das mesmas coisas. (Nogueira, 1993, p. 144)*

A dúvida como método de indagação dos sentidos produzidos pelas palavras do analisando pode aos poucos explicitar a experiência emocional a que tais formações linguísticas se referem, cuidando para preservar os radicais que conferem ao analisando seu senso de individualidade. Quando a fala do analista pende para tonalidades de afirmações certeiras, corre-se o risco de retirar do analisando a possibilidade de caminhar em direção ao encontro com sua verdade emocional:

> *Existe o perigo de enquadrar o paciente em um conjunto de interpretações. A capacidade de não saber é uma realização, e a função de não saber precisa*

> *desempenhar um papel explícito nas interpretações, transmitindo um elemento da sensibilidade analítica. Esse aspecto da técnica, descrito em termos da dialética da diferença, mitiga o perigo de a interpretação interferir na associação livre. (Nettleton, 2018, p. 139)*

A dialética da diferença mencionada por Sarah Nettleton refere-se à proposta de Christopher Bollas de que *a função de não saber* também precisa alcançar representação psíquica na experiência com o analisando. Quando a dupla se apega apaixonadamente a um ponto de vista, ainda que este tenha sido a resultante de uma experiência emocional captada e reconhecida por ambos em determinado momento, enfatiza-se o *corolário* em detrimento do laborioso *processo* que possibilitou sua realização. Nesse sentido, Bollas (1992) propõe que se dê atenção e se enuncie ao analisando todo o espectro de fenômenos experimentados no campo analítico como recurso para dar representação àquilo que constitui a linguagem viva em pleno ato de ser concebida na sessão de análise. As concordâncias e discordâncias entre analista e analisando revelam os movimentos imprecisos engendrados pela fala, estabelecem um espaço de liberdade de expressão em que a dúvida tem a função de desvincular aquilo que a interpretação vincula. Nessa melodia singular entoada pela dupla, as tensões das certezas rígidas cedem lugar às palavras errantes. A livre associação, "que se situa em algum lugar entre o saber e o não saber" (p. 84), poderá ganhar voz e abrir espaço para que a palavra seja experimentada em sua potência viva mais genuína, isto é, como linguagem de criação:

> *Como as palavras são usadas para expressar o que se passa na mente de uma pessoa, é possível considerá-las como uma forma de saber e como um procedimento vinculador. Mas quando alguém se propõe a dizer o*

> que quer que lhe venha à cabeça, indiferente a quanto isso possa parecer bobo ou sem sentido, essa atitude evoca um princípio diferente: o do não saber e do desvincular. Talvez o pensamento influenciado, a reflexão profunda, o desreprimir de uma memória surjam de um estado de tensão mais favorável entre o processo de vincular e desvincular. (p. 84)

Em linhas paralelas, Ogden (2018) nota que as falas que procuram descrever aquilo que se observa na sessão podem ajudar o analisando a ter sua atenção despertada para elementos desprovidos de significados predefinidos, elementos vazados que poderão ser ocupados com expressões da experiência própria do analisando naquele instante, no imediato da experiência vivida. Como no caso do menino das gruas, penso que a linguagem de sobrevivência desenvolvida pelo analisando serve à função de uma segunda pele (Bick, 1968) que fornece algum nível de proteção contra o abissal do contato direto com as emoções. Ogden ressalta que as falas do analista que apontam para uma decifração da experiência do analisando convocam *a atividade mental passiva do entendimento*, o que pode facilmente tornar a possibilidade de encontro um jogo monótono, que leva a ainda mais retração.

À guisa de inconclusão

A experiência de reconhecimento da singularidade como fator fundamental para o encontro vivo entre duas pessoas implica a capacidade de lidar com as diferenças e as semelhanças, com a aproximação e o distanciamento, cuidando para que os contornos psíquicos sejam preservados e não ameaçados por esse contato. Slavoj Žižek (2006) destaca a função do *não conhecer* como essencial para que a experiência intersubjetiva de reconhecimento se realize:

> *Se eu tivesse a pretensão de "realmente conhecer" a mente do meu interlocutor, a intersubjetividade propriamente dita desapareceria; ele perderia seu status subjetivo e se transformaria – para mim – em uma máquina transparente. Em outras palavras, não ser conhecível aos outros é uma característica crucial da subjetividade, do que queremos dizer quando atribuímos aos nossos interlocutores uma "mente": você "realmente tem uma mente" apenas na medida em que esta é opaca para mim. (p. 178)*

Na experiência psicanalítica, o não ser conhecível se entrelaça com a emergência da necessidade de ser reconhecido, de viver experiências que ajudem uma pessoa a se deslocar de uma linguagem com componentes frios e metálicos de sobrevivência para uma linguagem possível de reconhecimento e encontro com o outro. Ogden (2018) intui que a maneira como falamos reproduz simultaneamente "o desejo de ser entendido [*to be understood*] e de ser desentendido [*to be misunderstood*]" (p. 412), o que se reflete também na maneira como escutamos as outras pessoas. Há algo essencial por trás da linguagem de sobrevivência que precisa ser preservado a todo custo, ainda que o sentimento de isolamento necessário seja, em alguns momentos, o motor do sintoma que conduz uma pessoa à busca da análise.

A aventura de aprender a linguagem de sobrevivência de cada analisando coloca-nos diante do mistério de seus sons primordiais, das experiências infantis, de encontros e desencontros, do desassossego em que foram erigidas suas formas de expressão. Em certas ocasiões, podemos intuir alguma sensibilidade protegida sob as formulações esdrúxulas, os cacoetes verbais empregados por uma pessoa que se dirige ao analista em busca de algo que ela chama de análise, ou terapia, ou mesmo *coaching*, aconselhamento, conversa, bate-papo, consulta ou qualquer outra designação disponível em seu léxico pessoal. Em outras ocasiões, salta aos olhos (e aos ouvidos) o temor com que um pedido se esboça nas palavras escolhidas. Em qualquer que seja o caso, em quaisquer que sejam as formas e os alcances expressivos da linguagem possível do analisando, temos sempre o incomensurável desafio de buscar estabelecer com este uma linguagem capaz de forjar uma troca genuína entre dois seres humanos. Não raro escutamos de nossos analisandos a constatação de que a linguagem que usamos na sessão psicanalítica é de natureza diversa, não obstante as palavras e a língua utilizada serem velhas conhecidas. É nos interstícios da linguagem comum, nas microscópicas fendas que simultaneamente unem e separam as palavras e as organizações verbais, que se capta o elemento essencialmente vivo da experiência emocional, aquilo que jaz protegido por trás da ampla murada erigida para conter a violência das emoções e o ímpeto das paixões.

Se nos pusermos a escutar por entre as frases mecânicas, por através das construções brutas e por trás dos silêncios que brotam dos ruídos metálicos que movimentam as gruas da linguagem de sobrevivência, poderemos encontrar a matéria viva que mobiliza uma pessoa a buscar – da forma como pode – a ajuda possível da análise. A potência criadora das palavras perdidas revela-se nos vacilos da linguagem, na possibilidade de desentender as certezas, desvincular as narrativas e desencapsular os sentidos aprisionados.

Finalizando com uma providencial citação da historiadora Arlette Farge (2009), ao discutir as relações do historiador com o jogo de aproximações, oposições, encontros acidentais e sentidos singulares despertados pelas falas que se extraem do trabalho vivo com os arquivos históricos, deixo aberta a palavra para buscar, em breve, novas realizações:

> *No murmúrio de milhares de palavras e frases, poderia ocorrer de se buscar apenas o extraordinário ou o resolutamente significativo. Isso, sem dúvida, seria um erro: o aparentemente insignificante, o detalhe sem importância traem o indizível e sugerem muitas formas de inteligência viva e de entendimentos refletidos que se misturam a sonhos frustrados e a desejos adormecidos. As palavras traçam figuras íntimas e expõem as mil e uma formas da comunicação de cada um com o mundo. (p. 89)*

Terra seca, broto verde: a linguagem dos fragmentos

> *Sábios em vão*
> *Tentarão decifrar*
> *O eco de antigas palavras*
> *Fragmentos de cartas, poemas*
> *Mentiras, retratos*
> *Vestígios de estranha civilização*
>
> C. Buarque

À medida que escrevo este ensaio, ouço ao longe em minha mente: *fragmentos de cartas… vestígios…*, algo impreciso, distante, quase silencioso. Minha atenção é despertada. Pouco depois, uma melodia de cordas se junta a essas palavras e percebo dentro de mim um sentimento próximo à nostalgia, ainda um tanto quanto vaga, mas que soa familiar. Instantes depois, sou envolvido pela voz de Gal Costa e percebo que era a letra de Chico Buarque que se esboçava em meus pensamentos, dando contorno emocional ao texto que já se inscrevia com alguma relutância a partir dos movimentos de minhas mãos sobre o teclado do computador. Outros trechos da música são então atraídos para o ponto de captação e juntam-se aos *fragmentos de cartas* que deram início a essa recordação. A harmonia foi reunindo os pedaços, dando-lhes uma configuração que logo se tornou reconhecível, possível de ser enunciada e posteriormente recuperada, levando-me a procurar no meio de uma coleção o disco de vinil que agora toca na pequena vitrola que conservo como um objeto de valor inestimável. A música é encontrada a partir dos pedaços que aos poucos foram se juntando na mente, fragmentos que, embora esquecidos, mantinham-se preservados em meu repertório sentimental.

Este prelúdio nos mostra que a mente humana lida com pedaços de pensamentos, fragmentos de imagens, ecos de sons, lembranças incertas que vagarosamente, se houver tolerância, podem se juntar em algo reconhecível, nomeável, perceptível. Temos a condição de perceber os fragmentos e aguardar que se liguem mentalmente, algo que ocorre sob os auspícios da posição depressiva na capacidade humana de reparação e integração dos objetos afetivos.

No trabalho clínico, deparamo-nos com eventos semelhantes, embora, no mais das vezes, de modo não tanto poético – ao menos não de imediato. Recebemos pessoas em análise e tomamos contato com um universo peculiar, frequentemente caótico e desarticulado, como por vezes ocorre de forma mais evidente e colorida nas psicoses, embora não se restrinja em hipótese alguma a essas condições. Escutamos sequências de palavras e modulações de sons que soam familiares, mas que não se fazem reconhecer como peças articuladas de uma melodia. Podem soar repetitivos, estereotipados, desconexos, artificiais. Algo lhes falta, mesmo quando a fala do analisando se mostra paradoxalmente sensata e detalhada, com descrições de histórias de vida e outros fatos usualmente considerados importantes quando se busca análise. As palavras traem e distraem, assim como as pessoas.

Não raro, experimentamos no contato com os analisandos algo semelhante ao estado mental em que estes se apresentam. Ficamos presos aos sons interrompidos, às imagens fugazes, à biografia copiosamente narrada, às emoções embrutecidas, elementos que nos contam de seu universo emocional, mas que igualmente podem sequestrar a capacidade de nos mantermos atentos e pensantes diante da dor que se esboça por meio das palavras, e que talvez não possa ser reconhecida, tampouco sofrida. E frequentemente estamos com um analisando em estado de intensa fragmentação mental e somos observadores em primeira mão de uma catástrofe ocorrendo ali ao vivo, ainda que em certas situações esses estados se apresentem de modo notadamente discreto.

Não há música se não houver silêncio que nos possibilite distinguir as notas de uma melodia. Mas também parece não haver música quando a nota que intuitivamente esperamos encontrar em uma sequência sonora harmônica falta ou é substituída por outra que destoa abruptamente. A dissonância faz parte das composições musicais, é um importante recurso na harmonia. Mas o que acontece quando as notas se encontram tão distantes umas das outras que o resultado mal pode ser reconhecido como uma sequência musical? O que está ocorrendo quando o que escutamos do analisando são justaposições de palavras e sons emitidos em alguma escala desconhecida em que estes aparentemente não se encontram, não se conectam, não se articulam em formulações verbais que comuniquem ao analista o reconhecimento de uma vivência afetiva?

Fragmentos de um discurso precário

Recebo em entrevista uma família que buscava atendimento psicoterapêutico para o pai, um homem *que falava coisas que ninguém entendia*. Atendo inicialmente a esposa e um dos filhos, ambos bem-vestidos e um pouco nervosos. Afirmam que algo estava errado com o pai, pois ninguém da família era capaz de se entender com ele. Mas não conseguiam expressar com alguma clareza quais eram as dificuldades desse convívio. Relatavam apenas que ele falava de um jeito muito estranho.

Indago sobre o motivo de terem vindo sozinhos para a entrevista e descubro para minha surpresa que o pai havia sido deliberadamente deixado na rua, impedido pela família de entrar na casa onde funcionava meu consultório, alegando que sua presença (e, consequentemente, sua ausência) não faria a menor diferença. Peço ao filho que busque seu pai para nos conhecermos. Ele logo retorna e traz consigo um homem muito assustado, de cabelos desgrenhados, roupas rasgadas, chinelos sujos que contrastavam flagrantemente com a maneira como a mulher e o filho se apresentavam. Observo que, embora demonstrassem preocupação, havia um tom de impaciência e falta de apreço no modo como sua família o tratava. O homem permanecia assustado e, quando esboçava alguma fala, sua voz soava débil e esburacada como a camiseta que o recobria. Pergunto se ele sabia por que estávamos lá reunidos. Com nítido esforço, responde que estava lá "por causa dos são--paulinos". O filho interpela: "Mas pai, nós somos palmeirenses!". O homem abaixa a cabeça e permanece calado. Solicito à família que nos deixem a sós.

Ficamos em silêncio por muito tempo na sala de atendimento. Tento em vão estabelecer contato, faço perguntas certamente inúteis às quais resposta alguma seria de fato possível. Soubesse ele as respostas, provavelmente seus problemas seriam outros. Digo que eu o vejo assustado. Ele responde com um leve movimento de cabeça, quase imperceptível. Não sei o que fazer. Mantenho-me atento e calado. Ao término do horário, pergunto se ele aceitaria retornar ao meu consultório no dia seguinte. Outro aceno com a cabeça indica que sim. Bom sinal? Algum sinal.

Estabelecemos tempos depois, com o apoio da família, uma rotina de duas sessões semanais em dias seguidos. Durante as primeiras semanas, eu o localizava na sala de espera cabisbaixo e calado. Chamava por seu nome e caminhávamos até a sala de atendimento, onde permanecíamos em silêncio durante praticamente todo o tempo. Em alguns dias, isso era tudo o que podíamos fazer.

Apesar da forma plural que utilizo na conjugação desses verbos, seria exagero supor que houvesse até então um encontro. Sua presença física não parecia se fazer acompanhar por uma presença psíquica. Prevalecia uma espécie de presença alienada, esvaziada. Era um homem sem nome. Seu olhar permanecia no chão, como se fosse perigoso levantar a cabeça. Seria ele um prisioneiro de guerra? Penso na situação da primeira entrevista, o impedimento imposto pela família para que não entrasse no consultório, e imagino que ele ainda se encontrasse lá fora, distante, em algum lugar perdido no espaço e no tempo. Estaria ele condenado a um castigo? Ou abandonado em uma ilha deserta? A aparência de eremita exalava algo nesse sentido.

Certo dia, por volta do terceiro ou quarto mês de trabalho, ele traz consigo uma sacola de supermercado puída. Senta-se, sem jamais lançar o olhar em minha direção, e mantém a sacola sob o braço. Retira de dentro um pedaço de papel amassado, o qual segura com as duas mãos. Digo que ele parecia ter trazido algo importante naquela sacola. Após muito hesitar, levanta-se timidamente e estende o braço, oferecendo-me um bilhete, a cabeça sempre baixa. Levanto-me, recebo o pedaço de papel e agradeço. Seguro nas mãos, mas minha curiosidade se apressa em abrir o papel. Noto que ele faz um gesto sobressaltado, e ouço um som mudo que interpreto como um alerta para que fosse mais cuidadoso.

Aguardo por instantes mais longos e, por fim, abro cuidadosamente o papel. Era aparentemente um bilhete que continha rabiscos feitos a lápis, linhas frágeis que se assemelhavam a incompreensíveis caracteres de taquigrafia. Busco nos rabiscos uma forma conhecida. Quando ensaio pronunciar algum traço legível, ele leva o dedo à boca: "shhhhhh…". Contenho-me por outros instantes. Digo então: "Pelo visto, os são-paulinos estão nos escutando. Acho melhor não ler o bilhete em voz alta". Ele levanta a cabeça e seu olhar assustado encontra minha atenção: "Isso mesmo", responde com voz nítida.

A partir de então, nossas sessões prosseguiram, sempre com esse modo curioso de comunicação epistolar. Os bilhetes durante um tempo continham garatujas misturadas com letras, sílabas, pedaços de palavras, ora mais nítidas, ora mais débeis. Os traços esboçados encontravam em minha mente alguma vaga correspondência com o que eu era capaz de observar em sua presença. Momentos embotados combinavam com linhas fracas. Algum vago sinal de raiva era acompanhado de marcas duras de grafite no papel amassado. Formavam-se sílabas nos momentos em que sua fala era mais insistente, não obstante incompreensível. Pedaços de palavras às vezes se encostavam com outros para formar um nome ou um adjetivo, como "homem", "água", "malvado", "perverso", "veneno", "bravo", palavras que frequentemente indicavam uma presença ominosa e ameaçadora.

Paulatinamente, começamos a fazer algo parecido com um conversar e pude ouvir desse homem as *coisas que ninguém escutava*. Suas frases eram rasuradas, errantes. Faltavam-lhe elementos que conferissem alguma coesão ou indicassem um contexto. Por exemplo: "a mulher de vermelho bem na hora do ônibus", "água de pilha azeda no filtro", "os corintianos no inverno beiram no telhado". Às vezes eu ensaiava uma réplica àquelas formulações, como se estivéssemos então em um jogo do qual eu não conhecia as regras nem os jogadores (os são-paulinos?). Tocava de ouvido, em improviso. Perguntas de esclarecimento não eram bem-vindas, pelo que pude logo apurar. Quando lhe dizia algo mais próximo de suas formulações – "a mulher de vermelho talvez tenha as horas", "água estragada não mata a sede", "o telhado precisa de cuidados" – ele prosseguia nossa estranha conversa, frequentemente indicando com um esboço de esgar que eu não entendia nada de mulheres de vermelho, de pilhas ou telhados.

Pouco a pouco, nossas falas puderam conversar e noto que os bilhetes passaram a conter frases mais longas, ainda que estranhas. Sua caligrafia antes frouxa parecia agora esforçada. Seria um esforço muscular, um gesto de preensão como faz o bebê ao tocarmos suas mãozinhas?

Com o tempo, surgiam expressões que me chamavam a atenção pelo fato de conterem elementos pouco usuais em nosso vocabulário. Às vezes eram palavras de ar solene, como "ojeriza", "temporalidade", "obsequioso". Aos poucos pude reconhecer nesse homem vestígios de uma história ligada às letras, e sua linguagem, ainda que borrada, servia para desenvolvermos uma protoconversa sobre experiências de sua vida cotidiana, como a preocupação em relação aos filhos, o estranhamento com a esposa, o trajeto de sua casa até o consultório para termos nossas sessões e os objetos que o assombravam – ônibus que traziam em seus letreiros mensagens ameaçadoras, mulheres de vermelho que o olhavam com ódio, uma árvore infestada de larvas que secretavam pus venenoso. Era preciso uma espécie de tradução igualmente borrada para estabelecer um diálogo, pois a nitidez ofuscava. Quando o assunto se tornava demasiadamente claro e coeso, isso era prenúncio de que um período turvo e entrecortado nos acometeria nos encontros seguintes.

Eu recebia seus bilhetes sempre no início da sessão. Um dia, pergunto se eu poderia ler um trecho em voz alta. Ele me interpela e alerta que eu poderia ler silenciosamente e usar sua mensagem para o nosso trabalho, com a condição de que eu não lhe devolvesse os bilhetes, nem fizesse qualquer menção às ideias ali contidas. Os sentimentos veiculados naqueles bilhetes emaranhados em caligrafia desajeitada eram temidos. Ouvi-los era claramente arriscado. Meus olhos e minha mente deveriam absorvê-los para que fossem usados de maneira benigna. Como um prisioneiro de guerra que escreve mensagens cifradas na expectativa de que alguém as decodificasse, seus bilhetes chegavam até mim como missivas fraturadas que, aos poucos, tornavam-se legíveis, reconhecíveis e passíveis de ser utilizadas para comunicação – desde que permanecessem em minha mente.

Afinando o tom

A ideia de que linguagem e pensamento são indissociáveis é um fundamento debatido por diferentes correntes filosóficas. Desde Sócrates e passando por Tertuliano, teólogo do século III d.C., pensamento e linguagem são tratados como fenômenos inseparáveis, de modo que "ao *articular a fala, gera-se o pensamento*" (Busch, 2017, p. 90).

O linguista Noam Chomsky (1957) propõe que

> *a linguagem não é apenas um meio de expressão e de comunicação; é um instrumento de experimentar, pensar e sentir . . . Pensamos em palavras, por meio de palavras. Linguagem e experiência estão inextricavelmente entremeadas, e a conscientização de uma*

desperta a outra. Palavras e idiomas[1] são tão indispensáveis para os nossos pensamentos e experiências como as cores e pigmentos para uma pintura. (p. 3, citado por Busch, 2017, p. 90)

Lucia Santaella (2005), em seu extenso estudo *Matrizes da linguagem e pensamento: sonora visual verbal*, analisa a articulação entre linguagem e pensamento como um binômio que se relaciona com a percepção e os sentidos:

todo pensamento se dá em signos. Não há pensamento sem signos. Para que isso não fique entendido de maneira logocêntrica, isto é, de uma maneira que restringe o pensamento à sua forma exclusivamente verbal ou até mesmo proposicional, é preciso lembrar que . . . uma mera reação física ou comoção psíquica . . . uma mera qualidade incerta de sentimento já está apta a funcionar como signo. [Nesse contexto,] a palavra "pensamento", como extensiva a signo, deve ser entendida de maneira muito generosa. Qualquer coisa que esteja presente à mente, seja ela de uma natureza similar a frases verbais, a imagens, a diagramas de relações de quaisquer espécies, a reações ou a sentimentos, isso deve ser considerado como um pensamento. (p. 55)

O pensamento, por esse vértice, consiste em uma organização de signos cujas qualidades variam amplamente desde um sentimento impreciso, um esboço de imagem, um riscado de formas

---

1 O termo *idioms* no original em inglês refere-se a *expressões idiomáticas*, cujo sentido não pode ser deduzido se as palavras que as compõem são tomadas individualmente. Por exemplo: "dar nó em pingo d'água", para designar uma circunstância absurda; ou "ficar em cima do muro", para designar indecisão.

– algo como o que Bion (1957/1967c) designa por *ideogramas*. O que ocorre no campo dos signos, segundo a leitura semiótica de Santaella (2005), é da ordem dos fenômenos imateriais, "subjacentes a quaisquer linguagens manifestas" (p. 56). A autora considera que linguagem abrange as diferentes *matrizes de expressão manifesta do pensamento* que se articula por meio de signos, sejam estes de natureza racional ou irracional, da vaga impressão ao pensamento formulado em palavras e frases: matrizes verbais (o domínio textual), sonoras (o domínio acústico) ou visuais (o domínio imagético), que se misturam e se multiplicam nos fenômenos vivos de comunicação de forma híbrida, ainda que um dos sentidos predomine sobre os demais.

Pelo modo como posso observar em uma sessão de análise, linguagem compreende desde as formas verbais que se expressam no discurso manifesto do analisando, suas manifestações acústicas, como a musicalidade das falas, as entonações, os ruídos e sons produzidos na sessão, e por fim as formas visuais e imagens comunicadas pelo analisando ou por ele encenadas durante a sessão de análise. Nesse sentido, linguagem não se restringe a fenômenos da fala, mas deve ser buscada na malha que entrelaça texto, som e imagem, gestos, movimentos, expressões corporais, enfim, *o domínio das impressões sensoriais* (Bion, 1965, 1970) que extrapolam o que usualmente em psicanálise chamaria a atenção do analista que se concentre predominantemente no elemento verbal da comunicação.

Código: desconhecido

A experiência com esse analisando marcou significativamente a maneira como passei a ficar atento às transformações da linguagem no trabalho psicanalítico. A confusão que caracterizava o elemento básico de seus usos da linguagem tanto com a família como em nossos encontros apresentava-se inicialmente como um código desconhecido, uma combinação de sons e evocações imagéticas que desafiavam a compreensão justamente por lhes faltar qualidades que conferissem coesão e harmonia, ligações, contornos e, principalmente, significados comuns (Bion, 1962). O que se nota na sua forma de comunicação são fragmentos esparsos, mesmo nas ocasiões em que as palavras pareciam se articular em formas verbais mais ou menos compreensíveis.

A família o apresenta como *um homem que falava coisas que ninguém entendia*, sem ao menos se referir a ele por seu próprio nome. Era um homem sem nome, perdido em algum deserto – *a horse with no name*, longe de qualquer pessoa que pudesse lhe causar dor, como evoca a canção (Bunnel, 1971). Para os parentes, seu nome era Pai. A esse vocativo ele respondia. A maneira como Pai se expressava provocava reações nos familiares, mantinha-os afastados. O desentendimento crônico era de tal ordem que assuntos a princípio muito corriqueiros se tornavam obstáculos intransponíveis pela impossibilidade de entendimento.

Pai se expressava de tal modo que linguagem e pensamento eram vividos como coisas concretas. Algo falha e torna o diálogo incompreensível. Sua linguagem está mais próxima de uma ação, e seu uso das palavras deve ser pensado como um ato de mobilização e combinação de coisas brutas, aquilo que Bion (1962) denomina de *elementos beta*. Para que possam ser usados para pensamento, esses elementos devem sofrer um processo de transformação pela *função alfa*, do qual resultam os *elementos alfa* que podem ser mantidos em mente (ou seja, podem ser contidos) e são responsáveis pela formação do pensamento onírico, imagens mentais passíveis de simbolização, ligação com outros elementos e comunicação (Bion, 1962).

Por sua natureza caótica e intimamente ligada à intensidade das emoções brutas, os *elementos-beta* não se ligam nem se articulam como uma melodia reconhecível, nem como sons que possam ser recebidos e decodificados a partir de um sistema simbólico comum. Ecoam e podem ser supostos na sala de análise em *imagens acústicas*, como ruídos ásperos, barulhos pontiagudos, silêncios duros. São exalados pelo analisando nos suspiros, no bufar, nos sons emanados do corpo e nas oscilações da voz, nos embargos e nos engasgos. Revelam-se nos movimentos repetitivos das mãos sobre o tecido do divã, no tremor das pernas que se agitam, no som das batidas dos nós dos dedos contra a parede e em tudo aquilo que possibilite uma descarga de estímulos. É o *primitivo não representado* que se apresenta na sessão de análise para ser reconhecido e eventualmente transformado em uma experiência emocional passível de ser vivida pela dupla analítica (Bion, 1962).

Essas marcas do primitivo não representado também podem ser intuídas pelo analista nas *falas vazias de significado emocional*, como comumente observamos em pessoas que falam copiosamente e despejam um excesso de frases por vezes muito bem construídas do ponto de vista sintático, ou coerentes do ponto de vista lógico, mas que pouco comunicam acerca do íntimo de suas próprias emoções. A fala parece se esgotar como um fenômeno em si, como ato fonador, uma falação, um falatório, uma enxurrada de ideias. O analisando pode ter alguma noção do que se passa consigo, mas muito pouco saberia dizer sobre como está se sentindo no momento da sessão. Em tais condições, a fala não se articula de modo a comunicar a experiência emocional:

> *[O analisando demonstra] com evidente sinceridade uma inabilidade para compreender seu próprio estado de mente, mesmo quando este lhe é apontado. Seu uso de palavras está muito mais próximo de uma ação*

> *destinada a "liberar a psique de acréscimos de estímulos" do que uma fala . . . Há uma consistência nas características dos elementos beta. (Bion, 1962, p. 24)*

As descargas de estímulos sensoriais por meio da fala guardam mais semelhança com sistemas mecânicos do que semânticos. A linguagem utilizada como ação precisa ser analisada em sua sintaxe peculiar, pela gramática da *identificação projetiva*.

A linguagem como ação

Os trabalhos sobre psicose publicados por Bion na década de 1950 oferecem algumas formulações conceituais úteis para compreendermos o caráter mecânico que a linguagem pode assumir a serviço da fantasia inconsciente de controle do objeto por meio da identificação projetiva. As descobertas de Bion nesse período oferecem importantes chaves para pensarmos as relações entre linguagem, pensamento verbal e identificação projetiva no exame de fenômenos da mente primitiva. Esses temas são expandidos ao longo de sua obra e discutidos por outros prismas, afastando-se cada vez mais dos modelos metapsicológicos para se aproximar, tanto quanto possível, do uso de *conjecturas imaginativas* e *conjecturas racionais* (Bion, 1978/2014g)[2] na construção de pontes entre o observado na sala de análise – o plano sensorial da experiência – e o

---

2 Bion utiliza as expressões *conjecturas imaginativas e conjecturas racionais* para designar o pensamento do analista que visa inferir, do contato com o analisando, aquilo que não é possível se observar diretamente como um fato, mas que ainda assim pode ser considerado como tendo valor científico no caminho de uma investigação. Como modo epistemológico de *inferência abdutiva*, trata-se de uma ampliação criativa do fenômeno investigado em busca das melhores explicações possíveis, isto é, as mais prováveis (Chibeni, 1996; Silver, 1983).

intuído da realidade psíquica, a experiência emocional em curso na sessão, a dimensão não sensorial de O (Bion, 1965, 1970).

Em "Notas sobre a teoria da esquizofrenia", Bion (1953/1967b) propõe um vértice de observação para o uso que pacientes psicóticos fazem da linguagem, não apenas como modo de comunicação mediado pela fala, mas essencialmente como modo de ação que se entrelaça e se confunde com o próprio pensamento primitivo:

> *[O analisando] revelará uma preferência pela ação em ocasiões em que outros pacientes perceberiam que o que seria necessário era pensamento; assim, ele vai querer ir até o piano e executar os movimentos para entender por que uma pessoa está tocando piano. Em contrapartida, se ele tiver um problema cuja solução dependa de uma ação – quando, por exemplo, se está em um lugar e deveria estar em outro, ele recorrerá ao pensamento – pensamento onipotente – como seu meio de transporte. (p. 24)*

Essa indiscriminação ou equacionamento entre ação, fala e pensamento verbal fica evidente no relato da análise de Pai. Onde se esperaria encontrar o analisando para uma primeira entrevista, encontra-se sua família na qualidade de reclamantes de uma pessoa que está do lado de fora, aguardando na calçada. A indiscriminação entre ausência e presença – posto que a participação do analisando na sala de atendimento era tida como indiferente – traduz em encenação primitiva uma condição peculiar dessa pessoa, na qual a materialidade do corpo físico e a imaterialidade da mente se misturam e se confundem como um amálgama bruto. Pensar e mover-se, falar e tocar, estar e não estar são indistintamente atuados.

A impossibilidade de separação entre o concreto e o abstrato – a ação que depende de uma musculatura física e o pensamento que depende de uma mente pensante – aponta para o fenômeno da *equação simbólica*. Em "Notas sobre a formação de símbolos", Hanna Segal (1957/1991) discute o processo de simbolização e suas perturbações e inibições a partir de dois exemplos que guardam aparente semelhança. No primeiro, um homem, ao ser questionado pelo médico sobre os motivos pelos quais teria deixado de tocar violino desde seu adoecimento, responde com veemência: "Você espera que eu me masturbe em público?". No segundo, outro homem relata um sonho em que ele e uma mulher estavam tocando um dueto de violinos e, a partir de suas associações, percebem na análise que "o violino representava seus genitais e que tocar violino representava uma fantasia masturbatória de relação com a moça" (p. 167). Segal esclarece que a diferença no uso da palavra violino em cada uma das situações não se referia ao fato de que "em um dos casos o símbolo era consciente e no outro inconsciente, mas que no primeiro caso [o violino] era sentido como *sendo* o genital, e no segundo como *representando-o*" (p. 168).

Segal usa o termo *equação simbólica* para indicar que existe uma relação de identidade com o objeto no sentido de uma equivalência constante, uma unidade indiferenciada que revela uma perturbação na capacidade de simbolizar, isto é, de se separar do objeto e se relacionar com sua ausência – como havia constatado Freud (1920/2010a) ao observar seu neto no jogo do carretel: *fort-da*!

Bion (1953/2002), por sua vez, havia observado que o paciente psicótico utiliza a linguagem "como um modo de ação para a clivagem do objeto" (p. 39), de tal forma que o próprio *ato de falar ao analista* equaciona-se com um *fazer algo com o analista*. Um notável exemplo clínico é apresentado na passagem que reproduzo a seguir:

um paciente entra na sala; calorosamente, cumprimenta-me com um aperto de mãos, fita-me de modo penetrante, direto nos meus olhos, e diz: "Acho que as sessões não duram muito tempo, mas me impedem de sair". Minha experiência prévia com esse paciente permite-me saber a respeito de seu desgosto por ter poucas sessões; mas que, ao mesmo tempo, interferem no seu lazer. Pretende forçar-me a dar-lhe duas interpretações ao mesmo tempo: ou seja, clivar-me. Sua associação seguinte demonstra: "Como é que o elevador sabe o que fazer quando pressiono dois botões ao mesmo tempo? (pp. 39-40)

Bion demonstra que a clivagem e a fragmentação tanto do objeto como do ego por meio da identificação projetiva operam como forma de se evadir do contato com a realidade. Tal contato depende de uma capacidade para tolerar as frustrações decorrentes das ansiedades depressivas e experimentar o sentimento de culpa resultante da agressividade sádica desferida contra objeto em fantasia. O desenvolvimento da capacidade de pensamento verbal nessas condições fica comprometido, pois, a cada vez alcançada, expõe de forma aterrorizadora a consciência da própria insanidade e da natureza persecutória dos objetos internos (Bion, 1953/1967b, p. 26).

O pensamento verbal é então reiteradamente assolado como forma de manter apartada toda possibilidade de consciência (*awareness*) de uma catástrofe emocional permanentemente em curso, de tal modo que o analisando se mantém paradoxalmente em um estado aquém e além de qualquer possibilidade de experimentar a dor psíquica. O terror não pode ser nomeado, pois o recurso ao pensamento verbal que permitiria o reconhecimento e a articulação de uma emoção é experimentado como justamente a origem do desastre.

Na primeira sessão com Pai, seu silêncio parecia comunicar uma contrariedade, provavelmente pela noção de estar sendo conduzido pela família como um problema a ser resolvido por um especialista. A tentativa de estabelecer contato com Pai por meio de perguntas era inútil não apenas porque não tinha respostas, mas porque o uso de indagações para examinar o que se passava em sua mente era precisamente o que se encontrava em constante deterioração. Entretanto, quando o reconhecimento de seu estado emocional é percebido como localizado na mente do analista, *a afirmação de que eu o via assustado* alcança o analisando de modo menos ameaçador. A réplica por um aceno com a cabeça expressa um esboço de pensamento, um signo que não alcança a palavra, mas consente um início de aproximação. Um aceno é uma forma de comunicar algo à distância. Duas pessoas em lados opostos de uma grande avenida podem acenar para chamar a atenção uma da outra. O aceno é ao mesmo tempo sinal de reconhecimento da presença e da imensa distância que nos separa. Diante de tamanha distância, *silêncio não é quietude, e sim uma linguagem em ação que sinaliza o abissal insulamento em que se encontra o analisando*, tanto em relação a si (o mundo interno) como aos outros (o mundo externo). Era o homem exilado em uma ilha deserta.

Atividade mental psicótica e não psicótica

Em "Diferenciação entre a personalidade psicótica e a não-psicótica", Bion (1957/1967c) examina alguns efeitos da identificação projetiva sobre os estados de mente do analisando. Klein (1946/1991) já havia proposto em "Notas sobre alguns mecanismos esquizoides" que o processo de identificação projetiva como defesa contra as ansiedades primitivas de natureza paranoide e esquizoide opera na dimensão das fantasias inconscientes. A elaboração dessas ansiedades na mente do bebê depende de uma série de processos pelos quais os objetos anteriormente clivados por impulsos agressivos e projetados para dentro do corpo da mãe possam ser integrados e internalizados no ego em desenvolvimento. Tais modelos hipotéticos descrevem estágios iniciais do amadurecimento emocional, cujos efeitos podem ser clinicamente observados, tendo suas origens nas fantasias inconscientes:

> *Os processos que descrevi [de identificação projetiva] estão, evidentemente, ligados à vida de fantasia do bebê, e as ansiedades que estimulam o mecanismo de cisão são também de natureza fantasiosa. É em fantasia que o bebê cliva o objeto e o self; porém,* o efeito dessa fantasia é bastante real, *porque leva a sentimentos e relações (e mais tarde, processos de pensamento) ficarem, de fato, isolados uns dos outros. (grifos nossos, p. 25)*

O *efeito bastante real* das fantasias de cisão e identificação projetiva que destaco nessa citação de Klein resulta em prejuízos aos processos de pensamento com consequências para a capacidade do analisando perceber a si mesmo como indivíduo. Esse fenômeno é descrito por Bion (1957/1967c) como uma *clivagem na personalidade* que se revela na atividade do pensamento primitivo:

> *a diferenciação entre a personalidade psicótica e a não-psicótica depende de uma fragmentação, em minúsculos pedaços, de toda aquela parte da personalidade que se relaciona com a percepção da realidade interna e externa, e da expulsão destes fragmentos, de forma*

> *que eles ou penetram em seus objetos, ou os engolfam.*
> *(p. 43)*

O aspecto fundamental para nos aproximarmos do que Bion se refere com o termo *diferenciação* deve ser examinado na clivagem que incide nos processos do pensamento verbal e que pode ser evidenciada quando o analista está atento à maneira peculiar com que o analisando se apresenta na sessão de análise, incluindo a maneira como fala e descreve suas experiências.

Nas conferências de Nova York e São Paulo, Bion (1980/2020a) discute a conveniência de se considerar, mesmo entre os analisandos notadamente psicóticos, uma diferenciação entre psicóticos "sãos" e psicóticos "insanos", ressaltando que nos primeiros há sempre algum "vestígio de comportamento consciente racional" que pode ser de algum modo desenvolvido em análise (p. 193), algo que no segundo caso revela-se impossibilitado. Do mesmo modo, um analisando pode ser mentalmente são e apresentar atividade de pensamento de natureza psicótica e não psicótica. Como observa Chuster (1999):

> *em todos os indivíduos existe uma parte psicótica... e uma parte não-psicótica. [Bion] não usa o termo neurose e faz da psicose a referência clínica fundamental nos seres humanos. Em pacientes psicóticos a parte psicótica domina a personalidade, destruindo e imobilizando as partes não-psicóticas. No indivíduo não--psicótico também ocorrem movimentos psicóticos de duração variada que podem passar despercebidos ou não. (p. 70)*

Nogueira (1993) propõe que a expressão "atividades mentais psicóticas e não-psicóticas" seria mais apropriada para salientar que se trata de modos de funcionamento psíquico oscilantes e dinamicamente observados em uma mesma pessoa (qualquer pessoa) e ao longo de uma mesma sessão de análise. A sensibilidade do psicanalista para reconhecer essas atividades em seu próprio funcionamento mental – bem como na experiência com seus analisandos – é fundamental para o trabalho clínico.

> *Devemos ter presente no uso de tais termos que eles nos devem remeter a configurações funcionais e dinâmicas que se alternam numa atividade regida por fatores internos e desencadeada por circunstâncias externas ou internas, onde todo o mundo mental está envolvido, e não a uma ideia de "partes" que se separam e se substituem no palco da mente. A partir deste vértice, a noção de atividades (pautas) exteriorizáveis e apreensíveis nos planos do verbal e do comportamental me parece mais compreensível, mais operativa e mais condizente com a fenomenologia, conteúdo e dinâmica do suceder psíquico. (p. 194)*

O que está em jogo é uma situação de intenso conflito psíquico, em que o contato com a realidade é experimentado como altamente ameaçador. Como efeito da atividade mental psicótica, a psique recorre a um contínuo processo de "fragmentação em minúsculos pedaços [das funções egóicas] – em especial, a fragmentação do aparelho de percepção da realidade, que na descrição de Freud entra em funcionamento a serviço do princípio de realidade" (Bion, 1957/1967c, pp. 43-45). Isso implica um acúmulo cada vez mais insuportável de impressões sensoriais não elaboradas, elementos-beta que são evacuados por meio da identificação projetiva em um ciclo vicioso de fragmentação como modo de se livrar das excitações – isto é, buscar um estado de homeostase a serviço do princípio de prazer/desprazer (Freud, 1911/2010b).

A depender das possibilidades de cada pessoa, o expediente da destruição do pensamento verbal poder ser atenuado ou intensificado infinitamente, com consequências desastrosas para o contato com a realidade.[3] À medida que a análise evolui, o analisando pode se tornar mais consciente de suas emoções e pode alcançar uma percepção mais nítida de si próprio. Mas, se o ódio à realidade e a inveja constitucional forem maiores do que sua capacidade de tolerar a frustração resultante do contato com a emoção desconhecida, é de se esperar que

> *o recurso à identificação projetiva seja particularmente severo contra qualquer espécie de pensamento que se volte para as relações entre as impressões de objeto, pois se esse elo de ligação puder ser rompido, ou melhor ainda, jamais se formar, pelo menos a consciência da realidade seria assim destruída, ainda que a própria realidade não possa sê-lo. (Bion, 1957/1967c, pp. 49-50)*

Quando Pai trazia questões relativas à vida cotidiana em família, como simples problemas do convívio com os filhos e com a

---

3 Bion discute ao longo de *Transformações* (1965) as consequências da fragmentação e do uso massivo da identificação projetiva em gradientes que revelam deformações na percepção da realidade em relação a um ponto de origem O, a realidade comum a analista e analisando. Quanto maior a distorção em relação à origem da experiência, maior é o efeito da identificação projetiva e mais significativo é o predomínio da alucinose e da hipérbole como modos onipotentes e autossuficientes de relação com a realidade (interna/externa). Esses termos traduzem pictoricamente o esgarçamento da própria mente e do pensamento verbal. Nessas condições, a capacidade do analisando de aprender com a experiência emocional (1962) torna-se cada vez mais comprometida, levando à deterioração das funções mentais e, no limite, da vida psíquica em si.

esposa, era possível notar seu esforço para conter os pensamentos e lidar com a realidade. No entanto, a percepção da realidade põe o analisando em contato com a percepção da própria insanidade, particularmente as constantes alucinações que se misturavam com cenas da vida cotidiana, como a ideia de ser perseguido por mulheres com roupas vermelhas ou pelos ônibus que o vigiavam no percurso até o consultório – o que Bion denomina de *objetos bizarros* que se tornam continentes precários dos fragmentos da personalidade ejetados via identificação projetiva e que carregam consigo a violência e o terror de uma "consciência assassina" (Bion, 1958/1967e, p. 84). Os momentos em que o contato com a realidade se tornava mais nítido eram muito fracamente sustentados por Pai, até que em um instante sua capacidade de usar a linguagem para comunicar o íntimo de sua experiência era novamente atacada, resultando por vezes em longos períodos de torpor sem palavras, apenas bilhetes com rabiscos.

A impossibilidade de tolerar as frustrações próprias do princípio de realidade traz como consequência a fragmentação "de proto-emoções *e* da mente ora fragmentada (ego) que poderia ter sentido as proto-emoções como emoções" (Grotstein, 2007, p. 204). Assim, os ataques em fantasia contra tudo que possa conectar elementos psíquicos é verificado de forma incontestavelmente real em ataques "ao pensamento pré-verbal primitivo" (Bion, 1957/1967c, p. 50), isto é, à "matriz do pensamento" (p. 51). Nesse sentido, um ataque é desferido contra os "protótipos de ideias" (p. 48), *as emoções em estado embrionário que são destruídas junto com a função da mente que seria responsável por fazer brotar* (transformar) *essas protoemoções de onde nasceriam as emoções* (pensamentos com carga emocional). Consequentemente, se o protopensamento é atacado, a emoção não se conecta ao plano do pensamento verbal, não se liga à palavra que a comunicaria. O que permanece são os resquícios desses protopensamentos destinados à evacuação (Bion, 1962) – vestígios de estranha civilização. Sem o contato com outra mente que possa ajudar o analisando a transformar esses vestígios em algo reconhecível, uma emoção como "medo" pode jamais ser experimentada como uma experiência viva, embora o vocábulo "medo" com sua definição no domínio léxico da comunicação possa ser cognitivamente conhecido e pronunciado nas falas do analisando.

Ao contrário dos elementos alfa que servem metaforicamente como proteínas e aminoácidos mentais que se juntam na formação anabólica dos pensamentos oníricos, os resíduos de elementos beta não alimentam o organismo psíquico, restando-lhes apenas o destino da evacuação por meio da identificação projetiva. O que encontramos ao examinar o analisando é um estado de inanição mental em que os objetos psíquicos são apreendidos *não como fenômenos, mas como coisas em si,* objetos concretos. Sua noção de realidade fica então limitada àquilo que o analisando experimenta como "a mobília do sonho",[4] tomado por uma sensação de aprisionamento e de constante ameaça pelos fragmentos de pensamento expelidos (Bion, 1957/1967c, p. 51). O pensamento concreto característico da atividade psicótica e que se revela na linguagem usada pelo analisando para se comunicar tem uma função diversa do que podemos observar nas situações em que a função alfa se encontra suficientemente preservada e possibilita a articulação da linguagem como meio para expressar as emoções e lidar com as frustrações próprias do princípio da realidade. As figuras de linguagem sob a égide dos elementos beta são da ordem da aglomeração, dispersão, acumulação e pulverização. Isso se revela na

---

4 Bion utiliza uma linguagem poética para descrever um aspecto do mundo interno do paciente psicótico feito de restos de coisas sem vida, fragmentos de objetos destruídos em fantasia. Não se trata, evidentemente, de um conceito, mas de uma formulação verbal que depende da capacidade imaginativa do leitor para alcançar a experiência descrita.

linguagem falada em formas inquietantes e muitas vezes de maneiras tão curiosamente organizadas que podem levar o analista a tomar as palavras do analisando como se realmente estivessem impregnadas de significados simbólicos. Nessas condições, "um sorriso ou uma afirmação verbal deve ser interpretada como um movimento muscular de evacuação e não como a comunicação de um sentimento" (Bion, 1962, p. 13).

Uma correspondência em busca de destinatário

Do interior da pequena e desgastada sacola de supermercado, Pai retirava pedaços de papel com rabiscos, traços muito fracos, dos quais mal se podia arriscar uma letra, um som, uma rasura que se assemelhasse a uma palavra. Tomei aqueles papéis como notas, garrafas lançadas ao mar por um náufrago pedindo socorro.

Em um ensaio sobre o ato da correspondência, a comunicação epistolar por excelência, o filósofo André de Comte-Sponville (1997) diz que escrevemos cartas quando não podemos *nem falar nem nos calar*. Intrínseca ao ato de tentar se expressar pela linguagem escrita epistolar está a marca dessa dupla impossibilidade, de algo que não se cala nem se fala, mas que impulsiona a busca por um destinatário a quem se possa endereçar aquilo que precisa ser comunicado, a despeito de tudo o mais que se imponha contra o ato da fala. Assim, o filósofo propõe que

> *as pessoas escrevem porque não podem falar-se: o mais das vezes por causa da distância, da separação, de um espaço que as falas não podem transpor. Como por ocasião de uma viagem ou exílio. Esse foi durante séculos o único meio de dirigir-se aos ausentes, de levar o pensamento aonde o corpo não podia ir, aonde a voz não*

> *podia ir, e talvez seja esse o mais belo presente que a escrita deu aos viventes: permitir-lhes vencer o espaço, vencer a separação, sair da prisão do corpo, ao menos um pouco, por meio da linguagem, por esses pequenos traços de tinta sobre o papel. (p. 35)*

A linguagem precária dos bilhetes de Pai *evoca uma presença* que possa vir ao encontro do remetente. Como linguagem de sobrevivência, os bilhetes de Pai revelam seu estado mental de modo curiosamente plástico, uma linguagem visual que possibilitou reconhecer no gesto do analisando uma tentativa de restabelecer os vínculos psíquicos, um esboço da comunicação possível.

Em anotações redigidas provavelmente por volta de 1959 e publicadas em *Cogitações*,[5] Bion (1992) esboça uma concepção de *tropismos* para designar um impulso ou modo de comunicação inerente aos organismos vivos e que entre os seres humanos se entrelaça com o movimento de busca do objeto, como uma "matriz de onde brota toda a vida mental" (p. 35). Tropismo é uma hipótese da biologia botânica que descreve o que ocorre quando um ser vivo se encontra relativamente próximo de um ambiente nutridor, seja esse ambiente outro ser vivo ou um terreno suficientemente apropriado para que a vida se lance e se projete em sua direção.

---

[5] Bion tinha o hábito de anotar suas reflexões como suporte ao desenvolvimento de seu pensamento clínico científico. Os fragmentos compilados e editados em 1992 por Francesca Bion nessa publicação póstuma intitulada *Cogitações* cobrem o período entre fevereiro de 1958 até abril de 1979, ano de sua morte. Segundo a editora, Bion "escrevia devagar, ordenadamente, com bem poucas alterações em folhas avulsas e posteriormente juntava a maior parte dessas em duas resmas (infelizmente, não em ordem cronológica)" (p. vii). O fruto desse labor artesanal constitui uma importante fonte de informações e referências adicionais aos temas que são apresentados ao longo de sua extensa produção bibliográfica.

Conforme esclarece o cientista de neurobiologia vegetal Stefano Mancuso (2019), *tropismo* diz respeito

> *às respostas ao ambiente que se manifestam com um movimento . . . Caracterizam-se por um acentuado crescimento direcional dos órgãos, principalmente da raiz, em resposta a estímulos externos; entre os principais deles estão a luz (fototropismo), a gravidade (geotropismo), o contato com uma estrutura sólida (trigmotropismo), o gradiente de umidade (hidrotropismo), o oxigênio (oxitropismo) e o campo elétrico (eletrotropismo) . . . e o chamado fonotropismo, ou seja, o crescimento regulado por uma fonte sonora. A combinação desses mecanismos permite que a planta sobreviva em ambientes hostis e colonize o solo por meio da criação de um sistema de raízes que garanta* sobrevivência e estabilidade. *(p. 30, grifos nossos)*

A busca de *sobrevivência e estabilidade* que destaco do texto de Mancuso é providencial para pensarmos a comunicação epistolar de Pai como um movimento de se lançar no espaço em busca de uma mente suficientemente receptiva e nutriente dentro da qual possa se projetar e se ligar. Recordo-me da imagem do menino das gruas, que, na falta de uma mãe que pudesse lhe proporcionar uma base segura para se desenvolver, encontra nos guindastes que enxerga através da janela um objeto para onde se projetar e, assim, desenvolver uma forma rudimentar de linguagem, uma linguagem de sobrevivência.

A concepção de tropismos em Bion (1992)[6] expressa uma ação psíquica, a manifestação de três modos de busca do objeto:

---

6 Sandler (2018) destaca que o conceito de tropismos se abriu posteriormente

> *Considerados individualmente, os tropismos são vistos como resultantes da busca por (1) um objeto para assassinar ou pelo qual ser assassinado, (2) um parasita ou um hospedeiro, (3) um objeto para criar ou pelo qual ser criado. Mas, tomado como um todo, e não individualmente, a ação adequada para os tropismos no paciente que vem para tratamento é a busca de um objeto com o qual a identificação projetiva seja possível. Isso se deve ao fato de que, em tal paciente, o tropismo da criação é mais forte do que o tropismo do assassinato. (p. 35, grifos nossos)*

O que torna possível a identificação projetiva como forma primordial de comunicação resulta de uma combinação de fatores, dentre os quais está a própria constituição psíquica do analisando por um lado, e a receptividade e atenção do analista por outro. Desde Bion, torna-se mais claro que as capacidades de continência e receptividade do analista aos fragmentos excindidos pelo paciente por meio da identificação projetiva podem favorecer ou obstruir ainda mais essa forma primitiva de contato intersubjetivo (Ribeiro, 2016). A depender de sua receptividade e do cuidado com que elabora suas construções e interpretações, o analista poderá se implicar ou se evadir do único meio de contato que pode estar ao alcance do analisando:

> *As qualidades psíquicas da mente do analista se evidenciam como um fator fundamental – a capacidade*

---

para uma variedade de contribuições de Bion no campo das teorias psicanalíticas e teorias da observação clínica, a exemplo da teoria da *reverie*, das *pré-concepções que acasalam com realizações*, a teoria da *violência das emoções*, do *continente-contido*, as duas teorias dos vínculos *L, H, K* e *parasitário, comensal e simbiótico*, e a teoria da tríade *curiosidade, arrogância e estupidez* (p. 803).

> *de continência do analista – e, retrospectivamente, da mãe como primeiro objeto. Em outros termos, o analista precisa ter condições psíquicas para tolerar ser o depositário das partes indesejadas ou valorosas do analisando, ser continente para as angústias do paciente. (p. 18)*

É possível observarmos na sessão de análise a ocorrência da identificação projetiva quando conseguimos nos manter suficientemente atentos aos movimentos do analisando pelo vértice da linguagem de sobrevivência. Ao se colocar em uníssono com o analisando, o analista afina suas observações de tal modo que possam entoar com as falas do analisando um dueto, ou trio, ou quarteto, ou sexteto, ou toda uma ópera, a depender do estado de mente que está sendo mobilizado a se expressar no momento. As interpretações do analista requerem uma precisão cuidadosa para que no processo de examinar o delicado material clínico da sessão possamos assegurar ao analisando o direito de se comunicar do modo que lhe é possível.

A recepção dos bilhetes de Pai como forma rudimentar de comunicação que não solicitava leitura ou interpretação de seu suposto conteúdo confere delineamento à linguagem de sobrevivência. Os bilhetes poderiam ser usados para cuidar de Pai à condição de que não fossem lidos em voz alta, transformados em objeto de discussão textual (igualmente concretos) e, principalmente, que não lhe fossem devolvidos no mesmo estado em que foram entregues. "Se quiser, pode queimar." Era necessária uma transmutação desses elementos brutos, e a mente do analista deveria servir de lugar seguro para hospedar os fragmentos desgarrados da mente e grafados no papel. A concretude do papel e a plasticidade da linguagem gráfica revelavam tanto a catástrofe mental (Bion, 1957/1967d) como sua busca de "um objeto para criar e pelo qual ser criado" (Bion, 1992, p. 35): uma linguagem de reconhecimento.

Em *Elementos de psicanálise*, Bion (1963) propõe que o desenvolvimento do pensamento depende inicialmente da produção de sinais. O termo utilizado por Bion no original em inglês é *sign*, que pode ser traduzido como sinal ou signo para indicar que há um movimento semelhante à inscrição de elementos na mente antes que estes possam se conectar e formar um pensamento. Bion (1962, 1963) atribui esse movimento ao interjogo das posições esquizoparanoide e depressiva, que, em movimento oscilatório representado com a notação PS↔D, são a base para o pensar. E propõe, no trecho que transcrevo a seguir, um vértice para pensarmos a linguagem de sobrevivência como expressão primitiva – consequentemente fundamental e de vital importância para o trabalho clínico – de um *esboço de contato com a agitação emocional que muitas vezes se apresenta silenciosamente quando o analisando não encontra outros meios para se expressar.*

> *A observação mais precoce que fui capaz de fazer parecia sugerir que o desenvolvimento do pensar através de PS↔D dependia da produção de sinais. Isto quer dizer que o indivíduo teria que reunir elementos para formar sinais e, então, juntar os sinais antes de poder pensar. Neste caso, não apenas o falar, mas também o pensar, seriam precedidos pelo "escrever". Seu discurso real [seria] incompreensível se eu tentasse desvendá-lo aplicando meu conhecimento de vocabulário e gramática comuns. Seu discurso ficava mais significativo se eu pensasse nele como sendo um rabisco sonoro, mais um assobiar-se à toa e sem tom; não poderia ser descrito como discurso, discurso poético ou música. Assim como um assobiar-se à toa não chega a ser música por*

> *não obedecer a nenhuma regra ou disciplina da composição musical, assim como o rabisco não chega a ser um desenho por não estar de acordo com a disciplina da criação artística, assim também a sua fala, por não obedecer aos padrões do discurso coerente, não se qualifica como comunicação verbal. As palavras empregadas caem em um padrão sonoro indisciplinado... [O analisando] emitia objetos fatuais, e não frases... Notar-se-á semelhança disso com identificação projetiva. (Bion, 1963/2004, pp. 51-52)*

O modelo da escrita como inscrição sensorial do primitivo não representado aponta para a sequência de transformações a serem efetuadas na mente para que seja possível formar um pensamento reconhecível. Pelo vértice da linguagem de sobrevivência, o conteúdo das falas tinha importância secundária em relação às ações efetuadas por essa pessoa nas sessões de análise. Os sinais grafados no papel – a expressão do que não se pode falar, tampouco se pode calar – aguardavam uma mente capacitada a contê-los e juntar os fragmentos e rabiscos psíquicos. A continuidade do gesto de escrever bilhetes – cujos escritos aos poucos se transformavam até constituírem palavras, frases, ideias, ainda que estranhas – possibilitou o desenvolvimento do trabalho analítico.

O brotar do desconhecido

A linguagem de sobrevivência se articula com a noção de tropismos esboçada por Bion (1992) no sentido de se tratar de um movimento potencial que depende de circunstâncias do ambiente para ser vivificada e ganhar expressão. Nesse sentido, concebo a linguagem de sobrevivência como um *recurso imaginativo do psicanalista* para dar contornos ao código desconhecido do próprio analisando, mas que no convívio contínuo da análise vai germinar e se expandir em modos de comunicação emocional, uma linguagem de reconhecimento, quando as condições desse encontro são favoráveis.

Ocorre-me uma lembrança de infância. Havia no sítio do meu avô um quintal de terra batida que recebia a luz do sol sem nenhuma árvore por perto que pudesse fazer sombra. Nesse espaço foram esticadas cordas de varal que eram usadas para estender a roupa lavada, e foi construído um quarador de cimento que era usado para deixar as roupas brancas expostas ao sol para clarear. O varal era suspenso por um longo bastão de madeira seca, que provavelmente exercia essa função mecânica havia uma boa dezena de anos.

Após lavar as roupas, minha avó e minhas tias levavam as bacias com lençóis, toalhas, camisas e vestidos para pendurar no varal. O problema era que de vez em quando as roupas voavam com a força do vento e iam cair sobre o solo, sendo às vezes necessário lavá-las uma vez mais, agora para retirar as marcas de terra vermelha. Meu avô então resolveu mudar o varal para outro pedaço de chão, recoberto por um gramado muito verde e encorpado. Tempos depois, não sei quantos meses se passaram, notamos algo inusitado: ao longo do velho bastão seco começaram a surgir pequenos brotos verdes, que provavelmente ganharam vida pelo contato constante com a grama úmida.

Algo dessa natureza ocorre quando a mente do analisando encontra receptividade e nutrientes no encontro com a mente do analista. Há falas do analisando que podem distrair a atenção do analista, particularmente se buscamos identificar na cacofonia dos seus sons uma música conhecida, uma melodia precipitada que resulta da atribuição de significados do próprio analista àquilo que em verdade é desconhecido e paradoxalmente pode emergir como pensamento novo na sessão de análise (Bion, 1970). Os fragmentos que alcançam um continente precisam permanecer em repouso germinativo até que possam brotar, ser nomeados, retribuídos ao analisando.

Isso requer disciplina e sensibilidade, uma capacidade negativa (Bion, 1970) para se manter atento e presente junto ao analisando, em uníssono com seu estado de fragmentação, "sem a 'busca irascível por fato e razão' até que um padrão 'evolua'" e possa ser reconhecido e então comunicado (p. 124). Esse estado de mente do analista receptivo às identificações projetivas e ao contato com o desconhecido do outro é denominado por Bion como *paciência*, um estado análogo à posição esquizoparanoide, mas aqui pensada como uma possibilidade de sofrer a fragmentação e tolerar a frustração. O reconhecimento do padrão emocional e sua comunicação em linguagem acessível ao analisando é possível no estado de mente que Bion designa por *segurança*, cuja natureza guarda semelhança com a posição depressiva em Klein.

Nos fragmentos aparentemente destruídos e ejetados da mente de Pai, ainda que muito fragilizados, sobreviveram gérmens de vida que aguardavam um campo irrigado para vicejar. Se alguma receptividade às identificações projetivas puder ser oferecida ao analisando, algo que evidentemente depende de inúmeras e complexas condições de ambos os lados do par analítico e que sempre é incompleta, precária e provisória, pode-se ao menos vislumbrar, dentre as ruínas da linguagem de sobrevivência, algum traço de esperança de que os sinais lançados ao mar possam encontrar destinatário. A linguagem de sobrevivência se expressa por infinitos manuscritos emocionais, lança-se a oceanos imaginários e se mistura aos pensamentos extraviados que eventualmente, se as condições forem auspiciosas, encontram endereço na mente do analista. Nesses casos, pode-se aos poucos esboçar emoções legíveis à linguagem do remetente, uma linguagem de reconhecimento:

> *Esses milhões de cartas que circulam todos os dias, em todos os países, como um gigantesco zunzum silencioso, como um formidável e imperceptível murmúrio, todos esses pequenos riachos de papel e de tinta, formam como um mar que arrastam nossos segredos, nossas confidências, nossas lágrimas, e tudo o mais que é preciso para isso... essa é uma das imagens mais verdadeiras de nossas vidas, todas tecidas de solidão e de desejos, de palavras e de silêncios, de amor e de cólera, todas condenadas à separação e todas a conjurando! (Comte-Sponville, 1997, pp. 41-42)*

Plunct, plact, humpf: a linguagem do indizível

Qual seria o motivo de supor a existência de algum tipo de fenômeno mental? Podemos ouvir qualquer grupo de pessoas – por exemplo, uma multidão, assistindo a um jogo de futebol –, e ficamos com a impressão de que existe mais do que apenas a presença física dessas pessoas. Há algum tipo de comunicação que não é visível. É audível, em função de risos ou berreiros – há uma expressão verbal. Mas há também uma expressão verbal por algo que não é perceptível sensorialmente.

W. R. Bion

Então o senhor não está ouvindo a terrível gritaria que nos rodeia e que habitualmente é chamada de silêncio?

W. Herzog

Inicio com uma cena clínica. Já decorriam longos meses de análise, minguada pela rarefação da frequência a uma sessão semanal. Preciso me virar com o que é possível. O pouco precisa ser visto com atenção e zelo redobrados, pois é a ocasião disponível para conhecer essa pessoa. Tem nome, sobrenome, história e assunto, mas fico perplexamente aturdido por algo que me escapa e que se faz incessantemente presente a cada tentativa de reencontro. Dirijo-me à sala de espera, da qual hoje em tempos de pandemia me recordo com saudosismo, pois sempre fora uma fiel companheira de prelúdio para a sessão. Lá costumam ficar vestígios de lembranças, sons indecifráveis, rascunhos de pensamento das pessoas que persistem em prosseguir para que juntos as reconheçamos. Abro a porta e a chamo pelo nome, esboço um sorriso para não assustar quem talvez se imagine totalmente só e sem amparo enquanto aguarda. Conheço o sentimento e, na dúvida, respeito. Seu olhar é alerta, arregalado como lâmpadas acesas, faróis para iluminar o chão, susto sutil.

Nos passos pelo corredor que tinha o piso com tratamento especial, disse-me o arquiteto, *para assegurar o isolamento acústico*, o que se produz são breves barulhos das solas de sapato contra o vinil. Um sibilo baixo se insinua arrastado, indício de um corpo semovente, por vezes um toc-toc escapa acidentalmente, salto do sapato. Denuncia uma impaciência: disfarçada? Nesse dia, noto esses ruídos com especial atenção. Eles ganham corpo, ganham contraste e volume, captam meus ouvidos e aguçam meu olhar. Os sons penetram minhas narinas, e ouço sua imagem diante de mim: que cheiro é esse? Quando por vezes somos capazes de "prestar plena atenção a nada em particular" (Sandler, 2013, p. 112),[1] a cena onírica se organiza intuitivamente, formulamos conjecturas imaginativas (Bion, 1978/2014g) que nos abrem a imaginação (o olhar interno) a uma gama de possibilidades enquanto aguardamos

---

[1] Paulo Sandler atribui a expressão citada a uma comunicação pessoal feita por Parthenope Bion Talamo, referindo-se ao estado de atenção do analista a trabalhar sem memória e sem desejo.

outros elementos que venham a compor uma figura reconhecível. Mas vejamos com cautela, com o canto dos olhos ao pé do ouvido para não perturbar a miragem que exala do encontro.

Entramos na sala. Seu olhar vasculha o espaço pequeno e já conhecido, supostamente. Meus gatos fazem algo semelhante quando entram num cômodo, talvez a procurar um bicho à espreita, a verificar se o lugar é seguro antes de se distrair e se soltar. O instinto de luta ou fuga é facilmente observável nos animais domésticos. Coisa de bicho. A natureza primordial não requer pensamento, ela é e se basta por si, não alcança a palavra, está aquém do verbo. Entretanto, seus efeitos por vezes perturbadores não cessam de produzir ruídos. Observamos fenômenos que não raro vêm acompanhados de explicações inúteis quando eventualmente interpelamos o outro e lhe apontamos o observado.

Essa pessoa, noto, se apresenta a cada encontro povoada de traços acústicos frágeis, negligenciados. Serão restos de palavras não formadas, indago, que destoam da sua impostação de voz usualmente potente e volumosa? Serão sons fisiológicos, o barulho da deglutição, o estômago roncando, o estalar dos tornozelos que essa pessoa capta como provenientes de outra realidade, uma realidade assombrosa? Há esse constante contraste: não me cumprimenta com palavras, mas faz chiados com a respiração e barulhos com as pernas, maneia a cabeça, esboça um movimento com a boca que abafa antes mesmo que algum som possa escapar. Seu rosto retém uma expressão tensa de sorriso difícil, olhar de criança em corpo adulto. Ao se deitar, vasculha mais um pouco, ajeita a almofada. Um suspiro. Noto que seu gestual – em especial a maneira como demora a se conduzir da cadeira de espera até o divã – inspira a uma espécie de resistência corporal, alguém que para conseguir correr ladeira abaixo precisasse aplicar pressão na ponta dos pés contra o chão para refrear e manter algum controle da velocidade.

Murmura distraidamente algo incompreensível do qual distingo migalhas de voz, um qualquer coisa tímido que não se pronuncia e que poderia permanecer em branco. Nesse ponto, arrisco:

– Sei que você não falou, mas vejo você dizer: "Coragem, vamos lá…".

A sala silencia de modo inusitado. Plunct, plact, humpf… nem isso! Tornamo-nos vácuo em fração de segundos. O sentimento de ar rarefeito nos aproxima de uma maneira quase impiedosa, ambos nus de alma tomados de assalto por uma pontuação prosaica que penetra por uma pequena fresta de contato vivo, cru, película fina e permeável de acesso emocional. A mudança no clima é nítida. Sinto-me como que paralisado por um breve instante, cuidadoso para não perturbar o momento ao aguardar que o pensamento evolua. Ficamos em longo silêncio, mas um silêncio pulsante, oxigenado, um silêncio pleno de contato. O isolamento acústico, como o estado de privação que a mente do analista por vezes alcança com a persistente disciplina de memória, desejo e entendimento (Bion, 1970), *torna os sons microscópicos rumores perceptíveis*, vibrações emocionais ampliadas que ressoam com o corpo e a mente receptivos quando nos deixamos penetrar e acolher pelo que emana do encontro com o outro. O contraste da descontinuidade, do hiato entre duas pessoas, se dissolve por um átimo com a realização da presença viva. Passei a existir para essa pessoa nesse instante? Eis o susto: estamos juntos. Perplexamente juntos.

Pois então um choro gutural irrompe, ao modo de comportas de uma eclusa liberadas da pressão insuportável. A sala que usualmente ficava entulhada de palavras vazias agora se enche de dor densa, a qual experimento dentro de mim como um calor súbito incontrolável, a sensação do contraste endovenoso percorrendo livremente o sistema circulatório quando fazemos um exame de imagem. Fico apreensivo por um lado, mas reconheço que naquele instante estávamos diante de uma experiência potente e que requereria a perseverança do silêncio, a espera e a presença. Permanecemos assim até o final da sessão. Não falamos nada, e suspeito que qualquer movimento no sentido de interpelar essa pessoa ou oferecer contornos verbais ao desconhecido poderia ser recebido com constrangimento, um ato insolente, a profanação de um lugar aonde chegamos sem mapa nem rotas e que deve se manter sagrado, respeitado. Levanta-se e diz em voz baixa, mas nítida: "Eu nunca havia notado". Acompanho até a saída do consultório. Despedimo-nos.

Linguagem e vértices

Recordo-me que Pérsio Nogueira em diversos momentos dizia a seus alunos e a seus analisandos em formação psicanalítica: *larguem os livros, vão ler pessoas!* Essa frase – que poderíamos tomar como uma nota de impacto polêmico, especialmente em um meio em que não é incomum atribuir-se um valor canônico à teoria psicanalítica, por vezes eclipsando a vivacidade do fenômeno a ser investigado – tem origem em outro tempo e outra voz. Em visita à Sociedade Brasileira de Psicanálise de São Paulo, Bion (1973/2014b) em diversos momentos comenta: que "a *prática* da análise é o único lugar onde é possível *lermos pessoas*, não livros. Seria, portanto, uma pena se o tempo que poderia ser dedicado a ler pessoas fosse em vez dispensado a ler livros" (p. 64). Penso que Bion e Pérsio – cada um fiel a seu estilo – referiam-se às condições muito peculiares oferecidas pela sessão de análise para observarmos em primeira mão nossos analisandos e conhecer seus idiomas pessoais, os modos como atribuem significado às experiências humanas, a maneira singular como se conduzem em relação à vida e à presença do outro.

Entretanto, livros, assim como pessoas, dependem de um leitor que se disponha a apreciá-los, um leitor aberto a se deixar invadir pelo inusitado que se revela no encontro, para além das palavras verbalizadas na sessão de análise ou impressas no texto. É necessário antes de tudo uma *disposição à penetração e à inseminação por aquilo que pulsa na mente do outro,* pois mesmo o mais belo dos poemas só ganha vida se encontra no íntimo do leitor um lugar fértil em que possa germinar, encontrar ressonâncias, vibrações verdadeiras que impregnam as palavras com sentimentos reais. Uma analisanda certa vez observa: "Minhas palavras magras aqui ficam gordinhas".

A possibilidade de um analista se tornar sensível aos fenômenos emocionais no encontro com o analisando depende sobremaneira de sua intimidade com a própria vida psíquica, de sua experiência pessoal ao se submeter a um longo trabalho de análise, da formação de um espaço interno hospitaleiro ao mais perturbador dos sonhos alheios, de se comprometer eticamente com sua condição como um *ser emocional*. A experiência de análise pessoal como condição *sine qua non* para a possibilidade de um vir a ser psicanalista – como horizonte ético, e não como título institucional – implica a vivência de desordem, dúvidas e incertezas, a perturbação do *establishment*[2] individual/social que atua como contraparte tenaz e ameaçadora àquilo que pulsa no íntimo de cada pessoa como o pensamento novo, disruptivo e mais original de si mesma

---

2 O termo inglês *establishment* é utilizado por Bion em diferentes trabalhos, usualmente designando o conjunto de forças impessoais que fazem oposição ao surgimento do pensamento novo. Frequentemente, o *establishment* representa o grupo social de referência (por exemplo, a família, a sociedade psicanalítica, o meio acadêmico) que se mobiliza como contraparte à ideia disruptiva, isto é, ao pensamento novo que desestabiliza o conhecimento consagrado. Na qualidade de um *establishment* introjetado, o termo aponta para o conjunto de ideias falsas que se sustentam na forma de hipocrisia (Bion, 1965, 1970).

(Bion, 1970, em especial o capítulo 11). Crescer e poder se tornar "a pessoa mais importante com quem [o analisando] jamais poderá lidar, ou seja, ele mesmo" é uma tarefa extremamente laboriosa e subversiva, que requer do analista o empenho em "ajudar o paciente a ficar menos aterrorizado com seu próprio e horrível *self* – o quão horrível ele pensa que é" (Bion, 1978/2020b, pp. 26-27).

Ao discutir a ética psicanalítica da transcendência e da esperança, Safra (2013) reitera que "o ser humano necessita sempre da sustentação ofertada pelo outro" (p. 92). Essa condição assinala o fato de que o ser humano se encontra continuamente "em situação de instabilidade" diante do obscuro abismo que há entre a concepção que uma pessoa tem de si mesma (o conhecido) e aquilo que lhe escapa (o desconhecido), os fenômenos "que ocorrem no obscuro de sua própria corporeidade", isto é, aquilo "que não é acessado psiquicamente pelo indivíduo" (p. 92). Perscrutamos a linguagem do indizível.

São necessárias duas mentes para pensar o impensável, vislumbrar o impronunciável, suportar a fúria das paixões (Bion, 1963). E cada analista, à medida que se aprofunda e se familiariza com aquilo que constitui sua originalidade, contribui para a criação das mais extraordinárias possibilidades de contato com a realidade psíquica que apenas pode ser descrita "de modo absolutamente pessoal" (Scappaticci & Ribeiro, 2021, p. 109). Do encontro vivo e invariavelmente intimidante com cada analisando, aprimoramos (quando as condições são favoráveis) a sensibilidade intuitiva, a intuição psicanaliticamente treinada (Bion, 1970) que constitui o instrumento fundamental e singular do analista em seu ofício. Ler pessoas para poetizá-las!

É necessária uma combinação de elementos éticos e estéticos para ajudar uma pessoa a se dar conta de que existe uma realidade para além das suas vivências e conhecimentos materiais e biológicos, isto é, a realidade psíquica que não se pode apreender sensorialmente (Bion, 1967h, 1970). São necessários outros sentidos para tal empreitada, nomeados poeticamente por Bion (1992, p. 125) como *compaixão e verdade*, elementos imprescindíveis para que se possa viver no trabalho psicanalítico uma experiência de encontro com o indizível demasiadamente humano.

Uma dentre as inúmeras consequências de nos encantarmos com o conhecimento consagrado pela tradição psicanalítica está no uso que o analista pode vir a fazer dos conceitos aprendidos. O próprio cabedal teórico pode assumir a função de uma estrutura defensiva, no sentido de ser utilizada inconscientemente pelo analista como porto seguro para se resguardar do contato com a realidade não sensorial (Bion, 1967h). A função que a memória do conhecimento teórico exerce nessas condições aponta para o sentimento de desamparo do analista diante da turbulência emocional (Bion, 1976/2014c) característica do encontro de duas personalidades. Isso se expressa, por exemplo, como uma necessidade de supor que exista algo por trás daquilo que o analisando nos apresenta – um significado oculto, colocado fora da experiência, uma tradução urgente que substitua o desconhecido em si – infinito, vazio e sem forma, uma experiência de desordem em curso, ainda que em estado latente – por uma outra coisa familiar e muito possivelmente destituída justamente do elemento novo e perturbador a ser captado na sessão de análise. Como aponta Chuster (2003), ao discutir as vicissitudes do pensamento caracteristicamente oracular, o percebido no contato imediato com o outro se desdobra num duplo que passa a ser considerado o original: "Desconfiamos daquilo que é imediato e, por isso, procuramos interpretá-lo. Essa intolerância para com o primeiro nos faz perder o presente, que expulsamos/denegamos para o passado ou para o futuro" (p. 100). Suportar a tensão do pensamento incompleto no encontro com o outro é perturbador, pois implica uma disposição para navegar as turbulências, coisa que não se aprende por meio de teorias. A teoria, nesse sentido, faz as vezes de um bote que apenas provisória e precariamente nos mantém a salvo nesses mares bravios do trabalho de análise.

Um comentário bem-humorado do Pérsio vem à mente para exemplificar o hábito muito comum entre analistas de utilizar o conhecimento teórico para se exercer uma psicanálise aplicada, assumindo-se que a teoria fosse a suma representante da realidade à qual os fenômenos é que deveriam se submeter.[3] O autor discute o uso das teorias psicanalíticas como expressão do pensamento canônico segundo o qual a verdade é buscada a partir da referência conceitual preconizada pelo *establishment* e selecionada por hábito, conveniência ou preferência do analista:

> *Por exemplo – quando uma pessoa diz que sucede algo consigo, ou fez algo que não sabe bem por que, dizer-lhe que isso ocorre "por causa de sua crença em onipotência", "por causa de sua inveja", ou "por causa de sua idealização dos outros", ou qualquer coisa do gênero do campo da psicanálise, não passa do equivalente psicanalítico da teoria religiosa que diz que isso ocorre "por falta de orações", ou "por causa de ter se afastado da Igreja", ou mesmo da teoria astrológica que afirma que a ocorrência está se dando "por causa da conjunção de*

---

3 A situação ora apresentada encontra ressonância nas descrições feitas por Bion (1965) acerca das *transformações em alucinose* como expressão de uma "superioridade 'moral' e científica" (p. 133), no sentido de um objeto onipotente que, portanto, se impõe à realidade. Assim, as interpretações do analista sob a égide das transformações em alucinose ocupam a posição de um objeto autossuficiente, que independe da realidade. Não raro encontramos essa configuração em reuniões científicas nas quais o foco recai sobre a superioridade do pensamento em detrimento do fenômeno a ser investigado.

Marte com Saturno, influenciando neste mês os nascidos sob o signo de Capricórnio". (Nogueira, 1993, p. 41)

Aqui, a ironia como figura retórica amplifica o campo e chama nossa atenção ao óbvio que frequentemente passa despercebido, particularmente quando temos um forte apreço a determinada teoria, a um autor predileto ou a um modo de trabalho psicanalítico amparado por estruturas clínicas e psicopatológicas ao gosto do freguês. Ignora-se o fenômeno descrito e fica-se com o resíduo teórico, como se a enunciação da formulação conceitual ou seu equivalente em termos explicativos – e até mesmo comportamentais – constituísse um fim em si, e não a investigação da experiência viva de onde aqueles mesmos conceitos se originam. Nessas ocasiões, ficamos "como o cachorro que olha para a mão do dono [o conceito] e não para o objeto [o fenômeno] que a mão está tentando apontar" (Bion, 1977/2014i, p. 48). Tal postura tem evidentes consequências para o analisando, que também pode vir a aprender as teorias do analista sem que de fato experimente crescimento psíquico.

Safra (2004) destaca a necessidade dessa reflexão, de levarmos em consideração que a própria teoria psicanalítica pode ser utilizada pelo analista como *linguagem* e não como *vértice*:

> *A teoria como linguagem costuma ser veiculada ao analisando como uma linguagem universal e isso é uma forma de violência e de doutrinação que impede ou aniquila o idioma singular do analisando. Trabalhar com a singularidade do outro é situar-se no registro de seu idioma e de seu dizer. As intervenções do analista precisam se aparentar com a semântica existencial do paciente. (p. 122)*

A diferença entre a teoria como linguagem e como vértice pode ser algo muito sutil, para além das situações caricaturais do analista que recorreria a jargões psicanalíticos para formular suas comunicações com o analisando. Ao se travestir de *linguagem*, o conhecimento teórico desponta como fator determinante do pensamento, como critério e linha condutora para tecer explicações, muitas vezes de caráter causal (não obstante o atemporal do inconsciente) diante do fenômeno infinito que é a experiência humana. Trata-se de uma mazela do tornar-se analista? Quem nunca se sentiu atraído e socorrido pelas palavras e formas estéticas de uma teoria cuidadosamente concebida e consagrada pelo tempo e pelos pares?

Na qualidade de *vértice*, por sua vez, o uso do conhecimento teórico pode ganhar novas nuanças, outros contrastes. Vértice é um termo utilizado por Bion em *Transformações* (1965) para designar um modo peculiar de focalizarmos o objeto psicanalítico que vai além da noção de "ponto de vista" para levar em consideração outros sentidos e capacidades imaginativas diante do mistério da realidade não sensorial. São o olhar, a escuta e o faro do analista conjugando-se para abrir novas perspectivas, manter a área de pensamento arejada, aguçar o foco, desobstruir a atenção, vislumbrar os movimentos psíquicos em suas origens e seus desdobramentos, e favorecer – tornar minimamente suportável – o contato com o desconhecido do outro.

Como vértice, a teoria psicanalítica e os conhecimentos do analista abrem-se, de um lado, para a investigação da singularidade ontológica da experiência, o acontecimento inédito que se dá a conhecer na sessão somente na presença daquele analisando em particular. E no sentido reverso, posto que vértice implica examinar o objeto por diferentes ângulos, tornamo-nos atentos para detectar na experiência clínica os fenômenos vivos a partir dos quais os conceitos psicanalíticos foram originalmente concebidos e ora encontram realizações únicas.

O universal de qualquer conceito psicanalítico se sustenta e produz ressonâncias na clínica apenas na medida em que o próprio analista tenha conseguido alcançar, em sua experiência pessoal, esclarecimentos que revelem para si os elementos fundamentais que o conhecimento traduzido em teoria pretenda descrever. "É a possibilidade do reconhecimento do universal no singular que lhe dá um lugar *ético* que lhe possibilita estar assentado em seu trabalho nas grandes questões do destino humano" (Safra, 2004, p. 123). O conhecimento precisa evoluir à condição de uma sabedoria do corpo para que a presença viva e a espontaneidade do analista o capacitem a *estar com* o analisando. A singularidade gravitacional de sua presença conduz a efeitos analíticos mais significativos do que o conjunto de suas leituras.

Adiar a dor, paralisar as emoções

Volto-me à pessoa do início deste ensaio e penso em algumas características suas que despertam minha atenção logo no primeiro encontro. Seu vocabulário é rico e sua capacidade oratória, louvável. São traços peculiares de quem aprendeu com livros e professores a sutileza dos verbos, as concordâncias nominais, as figuras de linguagem. À medida que minha atenção à sua presença se agudiza, noto que uma tristeza dura e uma frieza dolorosa se insinuam muito discretamente por entre as suas falas, se imiscuem como nesgas de sombra ofuscadas pela luminosidade do verbo. E lhe passam ao largo, não obstante seus ruídos. A entonação da sua voz concede ao discurso um ar de solenidade, uma trilha sonora de filme cujas sequências melódicas visam produzir na plateia a expectativa de uma grande revelação dramática: *are you hanging on the edge of the seat?!* No entanto, esta jamais se apresenta, nunca se realiza, fica sempre lançada para um futuro nebuloso. Agora não, depois: a dor.

Quando proponho examinarmos algum elemento de seu relato, sua resposta se assemelha inicialmente a uma concordância. Mas em fração de segundos converte-se em expansões desordenadas da cadeia ideativa de um modo que descarta justamente o elemento que havia sido grifado para exame. O ponto a ser singularizado desaparece, submerge numa nuvem de generalidades fortuitas, por vezes ideias esbravejadas e insinuações de hostilidade dignas de um *hater* de internet, "cheias de som e fúria, significando nada" (Shakespeare, [1623]2002, p. 124). Nenhum pensamento, nenhuma contribuição que se lhe ofereça parece encontrar possibilidade de aproveitamento, mas serve de gancho para estimular ainda mais dispersão e irritação. Algo se opõe à introdução do pensamento novo, como um organismo vivo reage à penetração de um elemento estranho em seu interior (Bion, 1978/2020b, p. 31). A despeito de sua competência para a língua portuguesa, sua fala carece da precisão necessária para expressar na sessão de análise o que se passa em seu íntimo. Não obstante, exige uma precisão cirúrgica de minhas contribuições e usualmente se exaspera e se retrai com desdém diante de minha ignorância e impossibilidade de correspondência.

Persiste, entretanto. Retorna, prossegue, e juntos tentamos criar a possibilidade de escutar sua linguagem de sobrevivência e examinar, pouco a pouco, a natureza da experiência emocional que se expressa verbalmente desse modo tão estranho, tão solitário. A pessoa em questão se apresenta como impenetrável a outro vértice que não concorde com o seu próprio, que não confirme sua persecutoriedade e solidão. Seu sofrimento nesse instante limita-se à constatação de um profundo sentimento de contrariedade: nada está bom, nenhuma contribuição vinda do outro serve, pois não coincide com sua opinião. A relação que busca estabelecer com o analista é de padrão simbiótico (Bion, 1970), de tal modo que 1+1=1. Nessas condições, a possibilidade de encontro se mantém permanentemente inalcançável, adiada indefinidamente, posto que o confronto de dois vértices é intolerável. Um deve desaparecer, e apenas um pode sobreviver. Com o tempo, o desespero e o ódio se estendem a toda a humanidade, o imenso-não-eu, que em sua concepção é unicamente cruel e impiedoso; tornam-se insuportáveis e só fazem aumentar a desolação. Essa pessoa não consegue formar um bom conceito do que seja um ser humano. Cogito, turvo.

Dentre os assuntos mais recorrentes em suas sessões, um em particular chama a atenção. Trata-se de uma sequência de argumentos frequentemente referidos para demonstrar que suas experiências de convívio social são exigências inúteis artificialmente fabricadas pelos homens *para fingirem se importar uns com os outros*. Essas sessões são marcadas por uma infinidade de alusões a desprezo, revolta e mesmo ódio a pessoas de sua família, amigos e colegas de trabalho. Começa de modo sutil, uma pequena observação em tom levemente sarcástico – a mancha de mostarda na camisa do diretor, o pedaço de papel amassado caído no chão ao lado do cesto, a manteiga do café da manhã que ficou meio rançosa por falta de refrigeração adequada, a palavra incorretamente pronunciada pela babá que cuida de seus filhos. Não importa o ponto de partida, o que advém é uma sequência de ideias lançadas ao ar que não se conectam, não se combinam, não se tocam. O vínculo entre elementos psíquicos, objetos, com o outro e com a própria linguagem é sistematicamente atacado, restando um vocabulário emocional pobre e bizarro, incapaz de expressar com algum sentido de veracidade e precisão o mais simples aspecto da experiência (Bion, 1959/1967f, 1970).

Repetidas vezes ao longo de algumas sessões, essa pessoa chega à constatação generalista: se isso é viver, apenas uma sequência de fatos aleatórios e sem sentido, um corolário de absurdos que se observa à distância com tom de crueldade autoinfligida, para que então viver? Por que trabalhar? Casar-se, ter filhos, ganhar a vida? Nada disso tem sentido. "Vou largar tudo e sair por aí, não preciso de dinheiro nem de casa, não preciso de família e muito menos de analista" – ecoa em meus ouvidos sua confissão resignada. No convívio percebo que suas palavras não alcançam sentido. *Passo a notar os grunhidos, os suspiros, outros sons – ecos da natureza selvagem, do mais primitivo e anterior à linguagem, vestígios de um estado mental que não alcança articulação.*

Caso fosse um animal, talvez então tivesse condições mais propícias para pôr em prática seu plano definitivo, renunciar a tudo e a todos, viver no mato, errante, deixando-se conduzir unicamente pelo instinto de sobrevivência, impelida pela força dos processos fisiológicos. No limite, o desespero de se encontrar em um mundo restrito e com poucos recursos pode conduzir a um sofrimento insuportável, uma dor que, ao não poder ser sofrida, tende a se converter em autodestrutividade. Sua experiência é a de um ser errante sem origem e sem destino, sem passado nem futuro, um ser sem história atormentado pela urgência de apaziguar a solidão e carente de uma percepção de si como ser humano incompleto, em evolução, um *work in progress*, o bebê que pode sonhar em crescer.

Penso na esfinge do mito de Édipo que se apresentava aos transeuntes com um enigma e se satisfazia com a impossibilidade de os jovens mortais responderem à sua pergunta: curiosidade mórbida. No limite, quando o mistério encontra resolução precisa na voz do jovem Édipo, ela se atira do precipício em um gesto derradeiro de arrogância e incoerência (Bion, 1957/1967d; Chuster, 1999, 2003). Encontrar vestígios da verdade, tomar contato com fragmentos dessa verdade emocional que nos move e nos apavora é tarefa perigosa.

O indizível, os vestígios do mais primitivo, fisiológico e primordial da realidade psíquica não é interpretável ou traduzível. Precipitar-se a pôr em palavras "o que não pode ser analisável pela representação" (Scappaticci & Ribeiro, 2021, p. 109) equivale a um gesto de arrogância, a vicissitude da esfinge que ao ser desvendada perde a razão de existir (Chuster, 2003). Mas a experiência, esta sim pode ser descrita ao analisando, que eventualmente, a depender de suas condições, terá uma oportunidade de estabelecer diálogo com esses aspectos da vida psíquica mais primordial. Recordo-me de uma passagem de Bion (1978/2020b) em diálogo com analistas em Los Angeles:

> *Prefiro dizer que o hábito de grunhir e fazer barulhos é desenvolvido por certos animais – o animal humano é o exemplo mais notável –, até desembocar no discurso articulado. É uma invenção recente desenvolvida ao longo dos últimos milhares de anos . . . O ponto importante não é a capacidade do paciente de expressar algo de modo articulado, mas de questionar se alcançou, ou não, um nível de mente tal onde esse mesmo paciente fica relativamente civilizado e onde possa também haver algum intercâmbio entre esse indivíduo civilizado, educado e articulado e sua mente primordial.*[4] *(pp. 24-25)*

---

4 A concepção de *mente primordial* é aventada por Bion em seus últimos trabalhos publicados entre 1976 e 1979 para designar uma dimensão da experiência humana que não alcança representações, mas persiste na forma de emanações sensoriais indecifráveis pela mente simbólica e frequentemente experimentadas como terror difuso. Conforme sintetizam os psicanalistas José Américo Junqueira de Mattos e João Carlos Braga (2009): "São ideias sobre uma mente primordial, desenvolvida antes do nascimento, que parece se manter inalterada

Como então podemos nos aproximar da experiência emocional do analisando, tomando por guia não as ramificações de seu discurso desarticulador, mas a cena mesma que se revela no encontro com o analista? De que recursos dispomos para focalizarmos a *linguagem de sobrevivência* e fornecer ao analisando outros vértices da experiência emocional que possam ser recebidos como expansões do seu idioma singular, uma *linguagem de reconhecimento* que favoreça o estabelecimento de vínculos e a aproximação, ainda que provisória e efêmera, com sua própria historicidade – isto é, com o modo singular "de portar seu sofrimento e a maneira como *sonha* seu porvir" (Safra, 2004, p. 116)?

Emoções, sentidos e imaginação

Os modelos da matemática são utilizados por Bion em diferentes momentos para esboçar analogias com o trabalho do psicanalista. Um modelo nos ajuda a dar alguma forma provisória e tentativa àquilo que é da ordem do não sensorial, portanto, não observável pelos sentidos. Assim como os matemáticos precisam lidar com objetos complexos cuja existência apenas pode ser concebida imaginativamente, o psicanalista precisa ser capaz de abstrair da situação bastante concreta do encontro entre duas pessoas na sala de análise os elementos que possibilitem levantar hipóteses acerca da realidade psíquica e da experiência emocional em curso.

Para estabelecer aproximações com os fenômenos imateriais que o psicanalista procura apreender em uma sessão de análise,

---

e ativa após este. Com esta hipótese sobre os primórdios do psíquico, Bion chama a atenção para registros associados a órgãos atuantes precocemente no funcionamento somático (tálamo e adrenais), antes da disponibilidade do córtex cerebral para registros com potencialidade para representações" (p. 141).

Bion (1962, 1963, 1970) concebe o modelo do *objeto psicanalítico*, um recurso epistemológico que serve como ponto focal que favoreça ao analista a possibilidade de intuir aquilo que ocorre no plano da realidade não sensorial, as emoções e eventos mentais, a realidade última, incognoscível e inacessível, o O da sessão de análise que pode ser reconhecido apenas pela observação de suas transformações (Bion, 1965). Não podemos acessar O diretamente, tampouco podemos conhecer O no sentido de um saber que capture e organize de modo preciso aquilo que se dá a ser conhecido. O conhecimento pretérito e o desejo de entendimento futuro constituem resistências à experiência de encontro, pois *estabelecem uma relação falsa de primazia do significado sobre o vir a ser*, sobre a experiência em trânsito. Esse paradoxo entre o "a ser conhecido" e o "impossível de se conhecer" produz uma tensão constante, um movimento indomável, um "humor transitivo/intransitivo" (Bion, 1977/2014e, p. 49) que requer do analista a posição extremamente desconfortável e assustadora de um observador que não sabe o que vai observar, mas que pode eventualmente reconhecer o objeto caso este se esboce no horizonte da sessão de análise.

A concepção de objeto psicanalítico oferece, segundo meu entendimento, um enquadre insaturado – isto é, vazio de significados nominativos – que pode vir a favorecer o exame dos fenômenos que ocorrem na sessão de análise à medida que o analista alcance uma capacidade de se manter receptivo às emanações da realidade não sensorial, as quais são invariavelmente experimentadas como violentas e invasivas, uma vez que para se estar receptivo a estas é necessário um rebaixamento disciplinado de memória (o conhecido, o lugar seguro) e desejo (a finalidade, o sentido buscado), isto é, das defesas próprias do ser humano diante da realidade indizível e incognoscível. Nesse sentido, a concepção de objeto psicanalítico oferece *um esboço transitório, imaginativo, uma espécie de anteparo translúcido* que possibilita ao analista *conceber provisoriamente imagens da realidade* que de outro modo, em sua intensidade pura, seria experimentada como enlouquecedora. Um comentário de Chuster (2006) expande essa questão:

> *se não podemos ter acesso a "O" por meio de um saber, se a origem do fenômeno psíquico está marcada pela indecidibilidade, tudo o que podemos fazer é imaginar como "O" seria se tivéssemos acesso a ele . . . se precisamos compreender que existe na psicanálise a busca de uma verdade, só podemos fazê-lo considerando que a verdade está por vir a ser, que está por ser criada, o que significa, de início e antes de tudo, imaginá-la. (pp. 122-123)*

A atenção do analista às associações, verbalizações e gestos verificados no encontro com o analisando – isto é, as transformações que o analisando faz da realidade comum à dupla, o O da sessão – abre-se a três extensões do objeto psicanalítico (Bion, 1963):

a) O *domínio dos sentidos*, o plano material, corporal, tudo que está ocorrendo na sessão de análise e que pode ser apreendido diretamente pelos cinco sentidos. "O psicanalista e o analisando reagem com seu corpo sensorial ao trânsito de movimentos físicos, pensamentos, sentimentos e ideias na sessão" (Chuster, 2003, p. 93).

b) O *domínio do mito*, que corresponde aos elementos narrativos e descritivos que podem ser inferidos em forma de uma cena onírica, uma imagem, uma ficção que expande e dá uma noção de sentido ao observado. São derivadas da realidade vivida na sessão, apreendidas por meio das transformações feitas pela dupla e expressas em linguagem verbal ou manifestas em formas pré-verbais. Nesse domínio há também as teorias com que o analista trabalha na sessão e aquelas do analisando – as suposições que nos dão notícia dos modos como analista e analisando respondem à realidade em curso.

c) O *domínio da paixão*, a dimensão das emoções "experimentadas com intensidade e calor, embora sem qualquer insinuação de violência" (Bion, 1963, p. 103). Aqui temos a possibilidade de examinar propriamente o teor emocional da experiência e como as formulações verbais e atitudes da dupla podem ser significadas com base nas reações emocionais ao O da sessão, isto é, aos movimentos e tensões decorrentes do encontro. É esse elemento emocional que agrega reconhecimento e coloração à experiência vivida.

O foco do analista se volta para a descrição mais precisa possível de objetos psicanalíticos concebidos tridimensionalmente nesses domínios e apresentados ao analisando em enunciados concisos e perspicazes, quando isso for possível. A realidade em si é inapreensível, evidentemente, é uma experiência em andamento que se abre infinitamente a novas possibilidades de expressão à medida que ocorre a interação entre os vértices do analista e do analisando, usualmente manifestos na forma de pensamento verbal. Podemos apenas fazer aproximações com o que está ocorrendo no momento da experiência. Todo enunciado apresentado pelo analista tem, portanto, um caráter parcial e jamais descreve a situação total. Dentre outros motivos, porque a interação entre o vértice do analista e o vértice do analisando

> *sempre contém muito mais elementos inconscientes (I) do que a linguagem (L) – utilizada na sua tradução – consegue expressar. Isso significa que nunca conseguimos observar o todo de uma relação, pois quando*

> *se escolhe algo para ser observado, ou quando se tenta colocar essa observação em linguagem, a cisão inerente ao ato deixa diversos elementos de fora. Daí a necessidade de trabalharmos com a noção de um objeto complexo. Ou seja, no sentido geral, existe sempre alguma coisa que foi excluída ou não incluída na observação. Desta exclusão ou não inclusão dependem nossas observações. (Chuster, 2018b, p. 64)*

Ao trabalharmos com a concepção de objeto psicanalítico como proposta por Bion, é necessário buscarmos um estado de atenção aberta que nos permita fazer observações do que ocorre desde o momento em que o analisando chega para a sessão até o instante em que vai embora, ou mesmo nas situações extra-analíticas em que recebemos mensagens pelo celular, aspectos da vida psíquica deixados de fora da sessão e que, eventualmente, podem ser úteis para elaborarmos junto ao analisando uma linguagem de reconhecimento que amplie suas possibilidades de aproximação com o mais primitivo e não representado da experiência. Captamos lampejos, vislumbres, fragmentos percebidos de relance quando nosso foco se volta para o desconhecido da sessão de análise, o indizível perturbador, o ainda não vivido que se manifesta a partir do instante em que o analisando se desloca até o consultório ou inicia uma sessão online.

Uma contribuição de Claudio Castelo Filho (2020) descreve claramente o intuito:

> *A realidade que importa captar numa análise não é a realidade sensorial, e sim a realidade psíquica não sensorial – algo que tirando a conotação religiosa do termo, poderia equivaler a "alma" ou "espírito". Isso não quer dizer que não seja necessário o uso dos órgãos dos*

> *sentidos e da captação sensorial da situação – isso é imprescindível. O que importa, no entanto, não é se ater às impressões sensoriais, mas ao que for possível intuir da essência daquilo que está manifesto sensorialmente, da mesma maneira que Freud sugere que nos aproximemos dos conteúdos manifestos dos sonhos. Não é possível perceber, captar, intuir a essência do sonho sem termos acesso ao conteúdo manifesto (sensorialmente); no entanto, o que interessa ao analista não é essa aparência, mas aquilo que não é aparente, visível: a essência, a alma (ou, usando a linguagem de Freud, o latente) daquilo que se desenrola na sala de análise. (p. 38)*

É importante ressaltar que o *conteúdo manifesto* e as *impressões sensoriais* não se limitam, portanto, à matriz verbal da linguagem, o que comumente chamaríamos de associações livres captadas nas falas do analisando na sessão. É necessário expandirmos a noção de associação livre para incluirmos também as matrizes sonoras e visuais da linguagem (Santaella, 2005): os gestos, condutas, agitações, barulhos, olhares, balbucios, suspiros, meneios de corpo, ou seja, todas as manifestações do analisando em movimento na sala de análise. Dessa cena corporal/sensorial que se manifesta na presença do analista, depreendemos o onírico/latente, a qualidade não sensorial do acontecimento vivo do qual o analista é ao mesmo tempo testemunha, destinatário e contraparte convocada pelo analisando na experiência emocional. A cena latente não é, portanto, um conhecimento oculto e pretérito em busca de tradução ou decifração pelo analista, mas um *work in progress*, o O que pode encontrar modos de expressão ou de obstrução na sessão analítica, a depender das condições da dupla.

Vulnerabilidade a serviço da experiência

Diz um ditado francês: *méfie-toi de l'eau qui dort*, desconfie das águas dormentes. A experiência clínica assim o demonstra. Tomada unicamente por sua expressão sensorial, a cena da chegada dessa pessoa ao meu consultório poderia ser descrita de forma corriqueira como *um dia comum em que aparentemente nada de especial acontece*. Ela chega, aguarda na sala de espera, eu a chamo, ela entra e se deita no divã: o manifesto se sobrepõe ao latente – ou *o significado pretérito do olhar do analista que se apoia no conhecido se impõe à realidade emocional que ainda é um vir a ser no momento do encontro*, linguagem de sobrevivência.

Mas, ao nos colocar em estado de atenção àquilo que vai se apresentando imaginativamente ao analista diante dessa mesma cena, o objeto psicanalítico aos poucos se revela nas extensões dos sentidos (as expressões corporais da pessoa adentrando a sala, incluindo seus sons), do mito (a elaboração narrativa da cena, o reconhecimento intuitivo do périplo emudecido) e da paixão (a dor que reveste aquele momento, desolação/coragem), o que confere à experiência um caráter único e pulsante que se expressa com a receptividade ao inusitado, ao nunca antes vivido. *A linguagem de sobrevivência é vislumbrada e delineada pela observação do analista como um vértice do objeto psicanalítico*. Os movimentos assumem dimensões dinâmicas, os sons evocam imagens oníricas, uma narrativa inconsciente começa a se esboçar e a chegada do analisando ao consultório pode ser experimentada em seu potencial arrebatador.

A presença e a proximidade das duas pessoas na sala dão início a uma perturbação no estado de coisas: o latente, demonstra Bion (1976/2014c), é a própria turbulência emocional, a qual pode passar despercebida caso nossa atenção fique presa à ideia de que o fundamental de uma sessão de análise depende do relato verbal do analisando, a história que nos conta, o sentido pretérito da vida vivida ou – ainda pior – à crença de que em análise devemos fomentar um ambiente em que reine a paz e a serenidade. O encontro entre o vértice do analista e aquele do analisando tem uma resultante que de outro modo – na solidão da vida cotidiana, ou no silêncio da sala vazia – não poderia existir. Essa resultante

> *só se manifesta quando ocorre o encontro. É inerente à relação e não existe fora dela. Não está em um dos participantes e nem no outro, mas no espaço entre ambos, mesmo que não o percebam e nem se percebam um ao outro. Esse algo não é visível, cheirável, audível etc. Não é de natureza sensorial. Cabe ao analista observar esse fenômeno que se expande [nas extensões do objeto psicanalítico] a partir e durante seu encontro com o analisando. (Castelo Filho, 2020, p. 61)*

Algo parece ficar de fora e antecede ao encontro, na cesura da sala de espera. De lá ressoam os ruídos que chamam a atenção desde o momento em que ouço a porta abrir, anúncio da chegada, sortilégio[5] que intuo como presença e prelúdio para a tempestade emocional que se aproxima. Passo a me tornar aqueles ruídos, deixo-os adentrar meus ouvidos, perturbar meus sentidos, arranhar a tranquilidade que até então eu experimentava pelo longo intervalo entre aquele e o atendimento anterior. Os ruídos ocupam meu corpo como um vírus. *Language is a virus from outer space,*

---

5 O termo *sortilégio* aqui utilizado para nomear esse aspecto da experiência vivida com a pessoa em análise refere-se a "uma espécie de impressão digital psíquica que pode tanto encaminhar o destino da vida de uma pessoa, como pode ser a expressão pela qual essa pessoa é reconhecida subjetivamente como sendo ela mesma e não outra" (Chuster, 2018a, p. 12).

recordo-me do pensamento de William Burroughs (2009). "Há um vírus não reconhecido na linguagem", um elemento contagiante da ordem do indizível. "A palavra só não foi reconhecida como vírus porque alcançou um estágio de simbiose estável com o hospedeiro" (p. 29). Os fragmentos sonoros – vestígios de estranha civilização – tornam-se audíveis, ganham volume e destaque à medida que penetram o espaço emocional disponível em mim. Hospedo os ruídos, torno-me a própria virose disseminada pela pessoa diante de mim, deixo-me infectar pelo indizível e participo estarrecido dessa inflamação silenciosa, invisível e devastadora, infinitesimal.

Nova expansão. Um documentário exibido nos cinemas, *Microcosmos: o povo da grama*, produzido por Claude Nuridsany e Marie Pérennou (1996), apresenta cenas da natureza registradas de modo inusitado. Vemos inicialmente nuvens escuras se formando no céu, o vento soprando os galhos das árvores. O jardim de uma casa visto pela perspectiva da varanda inspira a um sentimento dominical, uma tarde no campo da qual preguiçosamente podemos desfrutar da chuva que se aproxima. Uma tranquilidade prosaica é conferida pelo enquadre e pela fotografia com tonalidades outonais. Não há palavras, exceto em raros momentos quando ouvimos as vozes *em off* quase indistinguíveis de uma mulher e um homem conversando.

A partir desse recorte da vida campesina, a câmera então se desloca para o gramado e amplia pouco a pouco e cada vez mais o foco das lentes e a acuidade dos microfones. Adentramos o reino dos insetos, das joaninhas, formigas e lesmas que habitam o jardim. Pelo vértice dos humanos, habitantes da casa, vivemos uma agradável tarde de chuva. Da perspectiva dos insetos, no entanto, gotas d'água são piscinas, as folhas se tornam moradas, grãos de terra ficam imensos como rochas. Uma batalha mortal tem início quando um gafanhoto cruza o caminho de uma aranha. A ampliação do universo das coisas pequenas proporcionada pelas tomadas de cena nesse documentário revela ao espectador a experiência de um contato inesperado e por vezes assustador com fenômenos naturais que ocorrem diante de nossos olhos, mas aos quais somos alheios.

A receptividade ao contato com a turbulência emocional na sessão mantém o analista em posição de vulnerabilidade, uma percepção microcósmica da cena cotidiana de análise, um deixar-se inundar pelo estranhamento da aproximação com o outro e a tempestade de impressões incognoscíveis que nos alcançam em forma bruta se formos capazes de nos manter em estado de atenção ao indizível e abertos à observação. A capacidade negativa (Bion, 1967/2014a, 1970) consiste na possibilidade de suportar estados de mente sem pensamento, uma disposição mental sem memória, sem desejo e sem busca precipitada de compreensão da vivência emocional em curso na sessão. Nesse ponto podemos eventualmente vislumbrar algo além dos ruídos e impressões sensoriais, e *do infinito vazio e sem forma* uma emoção adquire contornos na mente do analista e pode eventualmente ser comunicada ao analisando. A meu ver, não se trata de técnica, mas de uma *condição ontológica do analista que se dedica diuturnamente a aprimorar sua própria vulnerabilidade às emanações do desconhecido*. Tarefa nada agradável, especialmente quando constatamos que esta não é uma disposição teórica, e sim uma vivência real e involuntária que traz consigo consequências perturbadoras para além do *setting* analítico. Ficamos como que imunossuprimidos mentalmente. Como indica Chuster (2003), suscetíveis de experimentar ininterruptamente ansiedade, medo, culpa e mesmo um sentimento de isolamento social.

Do ponto de vista ontológico, essa disponibilidade para ser afetado pela turbulência emocional descreve um modo muito íntimo de relação consigo próprio e com o outro, de um contato emocional em que a cesura eu/outro pode ser transcendida. O termo *cesura* – que particularmente não penso como um conceito psicanalítico, mas como palavra insaturada que designa uma abertura, um segmento, uma pausa musical, uma incisão, "a impressionante cesura do nascimento", como observa Freud (1926/2014, p. 80) em "Inibição, sintoma e angústia", referindo-se à separação entre a mãe e o bebê – é revisitado por Bion (1977/2014e) como expressão poética para aquilo que é da ordem da mudança súbita entre diferentes estados emocionais, entre espaços mentais, entre qualidades dos objetos concebidos no encontro analítico, "trânsito oculto e explícito, cegueira e percepção do inesperado . . . em qualquer momento e qualquer lugar . . . aquilo que emerge com o movimento de surpresa" (Chuster, 2003, p. 139).

Trabalhar na cesura implica um ajuste no ponto focal do analista na sessão, que tem sua atenção voltada às inflexões, pausas, dobras, edições feitas pelo analisando em suas formulações verbais, mudanças de estados mentais que denotam a natureza dinâmica da realidade psíquica. Ficamos atentos às oscilações, ao pensamento nascente, ao fugidio e passageiro:

> *Qualquer tentativa de classificar o material com o qual temos que lidar deve ser considerada provisória ou transitiva; isto é, parte de um processo de um pensamento ou ideia ou posição para outro – não uma permanência, não um ponto de parada no qual a investigação termina . . . O papel do analista, em outras palavras, é aquele que inevitavelmente envolve o uso de ideias transitivas ou em trânsito. O analisando, da mesma forma, está tentando, por meio de suas associações livres, formular uma experiência da qual está ciente. (Bion, 1977/2014e, p. 39)*

Como expressão do que Freud denominou por transferência – vocábulo psicanalítico que designa um complexo fenômeno inconsciente, portanto desconhecido, mas que com o tempo teve seu significado desgastado em muitos circuitos psicanalíticos pelo uso substitutivo como coisa conhecida –, podemos pensar a cesura como aquilo que se revela de relance, em trânsito de um estado a outro: em meio ao tumulto dos ruídos e impressões sensoriais que turvam nossa percepção da realidade, aparece uma brecha, *uma falha na persistência do saber por meio da qual o significativo pode ser intuído*:

> *Em outras palavras, onde temos turbulência/cesura é como se defrontar com um limite, é a instabilidade em ação, significando também que aparece um vazio. É expressão do movimento ao acaso, testemunha da tendência para o caos. Todas as regras são questionáveis e podem ser quebradas. Como se pode analisar alguém no âmago dessa experiência [isto é, quando nos dispomos a deixar emergir o latente da turbulência de O em vez de evitarmos esse contato]? Muito provavelmente não teremos tão cedo a resposta, pois o campo é do incognoscível. Entretanto, podemos considerar que, apesar de toda essa complexidade de seu objeto, a psicanálise pode ajudar enormemente as pessoas a libertarem suas palavras e sua capacidade de tomar decisões, e com isto ajudar a libertar a imaginação, expandindo a capacidade mental. Cabe assim ao psicanalista fazer uso de imaginação produtora, do mesmo modo que qualquer cientista diante do objeto de sua investigação, e desta forma cruzar as cesuras que possibilitem o nascimento de significados, ideias e pensamentos, sentimentos e mudanças. (Chuster, 2003, p. 145)*

A capacidade imaginativa, a *imaginação radical*, como propõe Chuster (2003), diz respeito à função psicanalítica de sonhar a experiência emocional como esta se apresenta no momento mesmo da sessão de análise, em meio à turbulência emocional que jamais se revela como calmaria. Em nada o recurso a essa capacidade imaginativa se assemelha com um momento de paz e sossego! Supor que a análise seja um lugar de tranquilidade em que analista e analisando vão se entreter em um jogo idílico de devanear sobre a sessão repousados em berço esplêndido é, a meu ver, uma idealização engendrada pela dupla como resistência a O. Isso não quer dizer que toda experiência analítica deva ser necessariamente tempestuosa, o que implicaria mais idealização. No entanto, se em análise buscamos nos aproximar da verdade emocional e expandir as condições de navegarmos com o analisando por águas profundas e turbulentas – pois a vida, até onde a tenho experimentado, em nada se parece com um sonho de uma noite de verão –, torna-se fundamental que o analista procure se desenvolver o tanto quanto possível para tal empreitada. Isso ocorre por meio de sua análise pessoal[6] junto a outros psicanalistas mais experientes e dispostos a atravessar os limites seguros – porém, inevitavelmente insuficientes – do conhecido.

A intimidade analítica se funda e se aprofunda à medida que analista e analisando vivem a experiência de *at-one-ment*, palavra que ao mesmo tempo designa expiação – no sentido do alívio

---

6 Conforme ressalta Paulo Sandler quanto às condições requeridas para o trabalho com a dimensão não sensorial da experiência: "O analista não deve alucinar, embora deva 'participar do estado de alucinação' [do analisando]. Isso é especialmente verdadeiro no que diz respeito a diferenciar com perspicácia a dor sentida da dor sofrida. 'Mande um poeta para buscar um poeta' é uma formulação que tem uma contrapartida na análise: [é preciso] uma pessoa que foi analisada até seus núcleos psicóticos para [captar] o psicótico" (Sandler, 2018, p. 393).

que se obtém quando a dor pode enfim ser sofrida (aspecto do princípio de realidade) – e, com o uso da hifenização, cria um neologismo para estar-em-um, traduzido de forma consagrada entre os analistas com a expressão *estar em uníssono* (consigo mesmo, com o outro e com a realidade do encontro). Bion utiliza essa expressão primeiro em *Transformações* (1965), depois em *Atenção e interpretação* (1970) para se referir ao momento em que o analista se torna uno com O, ou torna-se a experiência em O, alcança um vislumbre breve e efêmero da realidade não sensorial. É o momento em que em meio à turbulência algo evolui e pode ser reconhecido, dando contornos vivos àquilo que até então se assentava despercebido sob os ruídos da dor insofrida, o tumulto latente da linguagem de sobrevivência. É o momento em que o par analítico pode transcender os limites da intelectualização, da "busca irascível por fato e razão" (Bion, 1970, p. 125),[7] do contato com sentimentos grosseiros que usualmente não podem ser sentidos, e um encontro real e íntimo pode ser experimentado para se produzir *o pensamento novo no qual o analisando possa reconhecer aspectos de si mesmo que até então jaziam insepultos*. O par analítico pode evoluir para um casal analítico que "se puder ousar... pode ainda sentir amor e ódio" (Bion, 1980/2020a, p. 24) – elementos da extensão da paixão no objeto psicanalítico. A paixão, nesse sentido, "é evidência de que duas mentes estão vinculadas", porquanto "não se pode haver menos de duas mentes se a paixão estiver presente" (Bion, 1963, p. 13).

A linguagem de reconhecimento perpassa esses espaços vazios, os instantes de cesura que revelam o indizível, o elemento primitivo que não tem tradução pura, mas que requer que algo verdadeiro, portanto oblíquo e transiente, seja dito para dar ao analisando

---

7 Expressão atribuída ao poeta inglês John Keats, em carta ao seu irmão datada de 21 de dezembro de 1817.

a oportunidade de tomar contato com a própria experiência vivida no momento da sessão da qual este pode não estar ciente. *A percepção bruta da realidade sem consciência é enlouquecedora.*

Para que se torne manifesta e possa se dar a conhecer, a experiência emocional precisa ser cultivada, requer um campo mental propício e receptivo às eclosões do latente, da turbulência emocional silenciada da qual usualmente o analisando tem notícias como pensamentos perturbadores, gritos emudecidos, desolação persistente, adormecimento que não proporciona repouso nem acalento, terror naufragado, linguagem de sobrevivência que expressa o sentimento de não haver se encontrado com outro ser humano capaz de compreender sua comunicação rasurada. E devemos ter em mente que mesmo o sentimento de esperança que leva uma pessoa a buscar o trabalho de análise traz em seu bojo o gérmen do terror indizível. No segundo seminário de Roma, Bion (1985[1977]/2017) nos dá uma metáfora para capturarmos a potência desse sentimento:

> *Para tornar esse ponto mais claro, proponho a seguinte imagem: um grupo de cinco pessoas sobreviveu a um naufrágio. Os demais passageiros morreram de fome ou caíram da embarcação no mar. Os sobreviventes não tinham medo algum, mas ficaram aterrorizados quando cogitaram que um navio se aproximava. A possibilidade de salvamento e a possibilidade ainda maior de que suas presenças não seriam percebidas na superfície do oceano foi o que os aterrorizou. Anteriormente, o terror estava afundado, por assim dizer, nas profundezas opressivas da depressão e do desespero.*
>
> *Assim o analista, no meio dos ruídos da angústia, da falha da análise, da inutilidade desse tipo de conversa,*

> *ainda precisa ser capaz de ouvir o som desse terror que indica a posição de uma pessoa começando a ter esperança de que poderá ser resgatada. (p. 39)*

Um tico mais

A experiência vivida com a pessoa em análise apresentada neste ensaio constitui, a meu ver, uma transformação em O (Bion, 1965), no sentido de termos conseguido alcançar juntos um ponto de contato com a realidade em curso que possibilitou a essa pessoa a realização de uma experiência emocional em toda sua inquietude. A linguagem de reconhecimento como comunicação provisória que catalisa o ponto de turbulência parece não carecer de maiores explanações. Em realidade, jamais foi posteriormente recuperada ou referida por aquela pessoa, não obstante a mudança significativa que pude então observar a partir daquele ponto da análise em seu desenvolvimento. O fundamental é a experiência de reconhecimento que encontra na linguagem apenas um apoio transitório para que possa efetivamente ser vivenciada em sua potência como verdade emocional, como fenômeno que propicia uma mudança no estado de coisas. Se o analisando poderá obter algum proveito desse encontro, isso dependerá de sua capacidade de aprender com a experiência (Bion, 1962). E devemos ter em mente que fatores outros como a inveja constitutiva e o recurso à mentira como forma predominante de vínculo (Bion, 1970) podem se apresentar como impedimentos ao crescimento, resistência ao tornar-se. Isso se aplica não apenas ao analisando, mas também ao analista, particularmente quando ocorre deterioração do vértice analítico pelos mais diversos motivos.

Encerro este ensaio com uma reflexão que sintetiza as ideias que procurei apresentar:

> *Se estamos na sessão em estado de capacidade negativa, podemos ver [o elementar que usualmente escapa à nossa percepção] . . . e a imagem que se cria transforma tudo em um antes e um depois, . . . promove uma cesura na sessão e, posteriormente, a possibilidade de uma construção narrativa e um sentido para a experiência, pois as palavras precisam tentar dizer o indizível, precisam tentar alcançar, mesmo que à distância e parcialmente, o enigmático de qualquer experiência emocional.* (Ribeiro, 2022, p. 160)

Águas paradas, um rio que corre: a linguagem das tormentas[1]

> *Mas estes versos não cantei para ninguém ouvir, não valesse a pena. Nem eles me deram refrigério. Acho que porque eu mesmo tinha inventado o inteiro deles. A virtude que tivessem de ter, deu de se recolher de novo em mim, a modo que o truso dum gado mal saído, que em sustos se revolta para o curral, e na estreitez da porteira embola e rela. Sentimento que não espairo; pois eu mesmo nem acerto com o mote disso – o que queria e o que não queria, estória sem final. O corrrer da vida embrulha tudo, a vida é assim: esquenta e esfria, aperta e daí afrouxa, sossega e depois desinquieta. O que ela quer da gente é coragem.*
>
> J. Guimarães Rosa

Diante do *Grande sertão*, obra-prima de Guimarães Rosa (1967/2001), fiquei desconcertado. Profundamente desconcertado. Levava comigo as veredas na mochila, caminho à faculdade ou ao

---

[1] Publicado no *Jornal de Psicanálise*, 54(101), 105-121, 2021.

trabalho. Pegava aos poucos, parágrafo por parágrafo, linha por linha, palavra por palavra. Perdia-me na rudeza do sertão, que conhecia por cicatriz e desconhecia por falta de confiança. Andava com ele, caminhava pelas ruas de asfalto, calçadas de pedras portuguesas. Inquieto e em dúvida, não realizava o que lia. Parecia-me sempre um dialeto estranho, como provei certa vez no Museu da Rainha Sofia enquanto escutava um grupo de amigos que seguia na mesma parede de uma exposição. Comentavam as obras, falavam alto e eloquentemente. Sons diferentes do que eu estava acostumado. Não conseguia detectar a língua em que se comunicavam. Soava melodiosa, erudita, elegante, com tonalidades térreas, colorações antigas, rosa-chá. Captava aqui um acento, ali um monossílabo, a língua revirada tocando a boca por dentro. Flagrava-me imitando-os em silêncio. Via-me aflito em descompasso, um passo atrás do grupo de amigos. Invejei a tranquilidade, desejei gritar: socorro! Os sons incomodavam e atraíam, a curiosidade perturbava meu passeio pelo museu e me mobilizava a segui-los como um agente secreto, desejoso de decodificação e sossego. A certo ponto, um dos amigos lê em voz alta o pequeno texto acerca de um quadro. Pois retomam a prosa entre si e, então, levo um susto! Agora eu os compreendia! De repente, sem pensar e sem saber o ocorrido, eu os ouvia com clareza. Mergulhei na linguagem, respirava embaixo d'água! Era peculiar e inusitado o idioma, mas eu sabia perfeitamente bem o que estavam dizendo. As frases tornaram-se conversa e experimentei uma certeza de pertencimento. O que era aquilo? Como é que aquelas palavras de duvidosas passaram a precisas? Atrevo-me a lhes perguntar em espanhol aventureiro que idioma era aquele, ao que ouço da mulher a réplica: *A estraña linguaxe que falamos chamáse galego*. Segui distraído a contemplar a exposição, encantado com o súbito domínio de uma língua que até então eu ignorava. Meus já não tão desconhecidos companheiros de passeio prosseguiam proseando e eu, desconcertado e curioso, procurei me manter acompanhado por esse idioma estrangeiro que não conseguiria reproduzir, mas que se tornara pouco mais familiar. Temia perdê-los. Os sons dispersos e fonemas fragmentados de súbito organizaram-se em minha mente. Fato selecionado, de um fundo obscuro emerge a linguagem como figura que teima a desaparecer sempre que tento capturar. O estranhamento do dialeto, assim como o grande sertão, resultava, a meu ver, do hábito de buscar o conhecido, o aprendido, o já estruturado naquilo que em verdade é uma situação nova.

Na leitura desse grande sertão, perseverei em desalento, captando aqui e ali a familiaridade das palavras que em minha mente mantinham-se em descompasso, em desencaixe, um constante solavanco de carro de boi trilhando por uma estrada de terra coberta de pedregulhos. Parte da viagem fiz nas páginas do livro, parte em uma viagem a Goiás com amigos da faculdade, o livro na bagagem. Numa caminhada à cachoeira das Carioquinhas em São Jorge, Guimarães veio comigo e deitei-me sobre uma pedra, solitário sob o sol quente, lendo sempre atentamente e me perdendo em suas potentes paisagens verbais. Como era possível aquele idioma? Soava natural e persistentemente inusitado. Via-me enganado, perseguindo trilhas que resultavam em rodeios. Desalento, solidão. Teimo.

Seguia no empenho e enfim despreocupei quando menos esperava. Que seja como quiser, não sou eu autor, mas ouvinte leitor, já demais encantado para desistir da vereda. Eis que, do alto da pedra, acompanho Riobaldo em cavalgada com seus camaradas após uma noite de acampamento chegar ao alto do chapadão. O horizonte de repente explode! A amplitude ganha vista, o céu se revela inquestionavelmente azul, a relva quente do serrado com suas canelas-de-ema queimadas, caliandras secas, chuveirinhos em flor, pés de arnica aromáticos forram o solo e contornam o caminho dos amigos sobre seus cavalos. Daquele ponto em diante, a leitura do *Grande sertão* tornou-se fluida, inquietantemente íntima a despeito do constante vacilar das palavras do autor, o esvirar do redemunho, a vibrante ressemantização dos vocábulos que buscam sem cerimônia morada e correspondência, hospedagem e transição no pensamento do leitor. As palavras mutantes tocam e cumprem sua função, não carecem explicação ou entendimento, nem permanência nem dicionário. Elas são e vão embora.

Uma amiga poetisa, versada na plasticidade das composições afetivas da língua portuguesa e um tanto afeita à mística, ao me presentear com os imensos sertões pelos quais fui devorado durante meses de leitura, disse-me que a travessia da obra de Guimarães Rosa era uma experiência alquímica. O viajante leitor, para atravessar o sertão, tornava-se relva, cavalo e vento, passeava-se Riobaldo, camuflava-se Diadorim, terrorizava-se Hermógenes, soprava-se o diabo brincalhante por entre as letras na rua, era penetrado pela brisa escura e ríspida, atormentado com o fascínio da rítmica doce, sincopada, incômoda e escapante da cartografia da alma descuidadamente esculpida pelo autor em sua máquina de escrever. A alquimia consiste em efetuar uma transformação na matéria e no espírito, uma experiência não só emocional, mas fundamentalmente existencial. Em vez de traduzir para o conhecido, o leitor analisando mergulha em sua própria tormenta, convidado a reconhecer em sua vivência aquilo que ressoa misterioso e busca linguagem para habitar. Quando isso pode ser realizado de modo transiente, a travessia ocasiona-se em mundo vivo, cardinal, reconhecimento do solo do destino e do transeunte. Seu reverso é a desolação, linguagem de sobrevivência, os pontos fixos, o domínio da solidão, o adiamento do ser.

Águas paradas do entendimento

Traduzir o trabalho da psicanálise em linguagem compartilhada é tarefa difícil, como decerto somos testemunhas de próprio punho ou ao lado de analistas autores, cada um a seu modo, companheiros de jornada. Tentar traduzir *o ser que eclode* a cada sessão de análise é missão virtualmente impossível e que não nos compete, não por falta de ânimo, mas pela densidade inominável e inalcançável da realidade psíquica intuída furtivamente na espessura das palavras e emoções complexas, o que requereria a voz imaginária de infinitas bocas pronunciando versos em diversas línguas simultâneas e infinitos ouvidos para escutar e elaborar sensivelmente cada som e cada cor. Quando desavisada ou ingenuamente ensaiamos exprimir a pura intensidade desses instantes fugidios que nos visitam em análise, produzimos cacofonias incompreensíveis, relatos selvagens vertiginosos, restando-nos uma linguagem deteriorada e fragmentária. Nessa clave, o analista se desconcerta, o analisando titubeia, buscando apanhar no ar as palavras como objetos flutuantes para conter as emoções que transbordam em minúsculos pontos – poeira que se espalha pela sala de análise e ameaça a dupla com a aridez do sertão.

Reconhecendo o impossível, buscamos o razoável, e parte da elaboração de uma *linguagem de reconhecimento* em análise consiste em um recíproco alfabetizar-se, cada qual contribuindo com suas letras e sua disposição para produzir formas de comunicação exitosa que possam ser compartilhadas ao longo da travessia. Recorremos por vezes à literatura, à poesia, à música, ao cinema como formulações verbais, sonoras e imagéticas disponíveis para expressar aspectos evanescentes da realidade psíquica, uma necessidade já anunciada desde o texto seminal de Freud (1900/2001) que encontrou no mito de Édipo uma *Linguagem de Alcance* (Bion, 1970) apropriada para nos aproximar do campo infinito de experiências humanas que jamais se esgotam em sua potência para brotar pensamentos e produzir sentidos. Linguagem alguma é capaz de encerrar a magnitude da natureza ontológica, das vivências mutáveis e significados incessantes que germinam do solo desconhecido, desabrocham, florescem e fenecem sem que tenhamos qualquer ação ou forma de apreensão que se pretenda definitiva.

Pegamos as trilhas de Guimarães Rosa a partir do chão conhecido. Não é de se estranhar que o leitor, ao adentrar as veredas do autor, tome o rumo da linguagem comum para fazer a passada do texto. São os hábitos que nos tornam familiar o diálogo cultural, pois aprendemos desde pequenos que para estabelecer relações com o ambiente que não dependam predominantemente da ação do corpo e da solidão da mente é necessário linguagem. Construímos nosso lugar no mundo e tornamos público nosso pensamento com o verbo recebido do seio. É preciso algum domínio da linguagem para haver comunicação com os outros, uma conquista lenta e sempre incerta, pois língua se apoia no sistema convencional de símbolos heterônomos (Chuster, 2018b) que nos precedem e são passe de entrada, ainda que não correspondam àquilo que no íntimo busca expressão. Algo fica de fora.

A vida vivida penetra o espaço analítico distraidamente e lá se expande em busca de outros sentidos. O estranhamento do *ser-tão-grande* se dá justamente no encontro das águas, entre as correntes de pensamento e emoção que nos moram e aquelas que descobrimos na voz do outro. Soam coisas conhecidas que no processo de transcrição do idioma autoral para o idioma do leitor falham e escorregam. Oscilamos entre reconhecer e desconfiar, na experiência analítica, daquilo que se revela no contato com o outro na forma de emoções brutas, uma vez que o "'desconhecido' na vida real assume tanto formas infinitas como definidas, limitadas apenas pelas necessidades e oportunidades de cada pessoa" (Sandler, 2013, p.

104). Insistimos por vezes penosamente em buscar significados – isso eu conheço, eu sei o que é, quer dizer tal coisa. Mas o sossego é breve, não dá refrigério. Apela ao entendimento por correspondência, pelo valor de face da palavra.

Entender é hábito mais insidioso do que podemos notar quando cremos falar a mesma língua. No contato com o plenamente estrangeiro por vezes abrimos mão das tentativas de entendimento por mera desistência, a exemplo do turista que viaja ao Japão e se encontra com um sistema de representações verbais para as quais não tem contrapartida evidente em português. Tentamos não a penetração no idioma desconhecido, e sim um modo de tradução preferencialmente conciso e suficientemente confiável que resolva o problema. Mas, quando estamos no mesmo sistema linguístico, a ânsia por entendimento alcança sua meta com agilidade instantânea, cavalo a galope, e se impõe sobre o verbo a partir dos significados disponíveis para a *palavra pretérita*. Um equívoco?

Nos solavancos de *Grande sertão: veredas*, caso o leitor conceda algum espaço para tolerar o não entendimento na manipulação da linguagem forjada e constantemente subvertida por Guimarães Rosa, o corpo percorre imaginativamente as trilhas de Riobaldo e no lugar de entendimento pode-se ensaiar uma escuta sensível, um passeio a cavalo em que o trote, o chicote, o vento, os mosquitos e resvalos de plantas nas barras das calças podem ser alcançados como um caminho sonoro que se percorre distraidamente e que vai marcando ressonâncias afetivas vividamente intuídas, ainda que não possam ser reproduzidas a um terceiro se para tanto se recorre ao conjunto de letras que sinaliza cada ponto do trajeto no papel e no piso. O entendimento dá lugar a uma linguagem compartilhada que se tece à medida que insurge: vamos gerundivamente nos percebendo em movimento a cada passo com aqueles sons e imagens que nos comovem e nos afligem. Ainda que os motes sejam duvidosos, algo preciso nos alcança. Quem já passeou pelo grande sertão muito provavelmente sabe a que me refiro. Comunicamo-nos em segredo, portanto! Cabe a cada um confiar no texto emocional que se forma e desforma ao longo da travessia, que é compartilhada com uma certeza dolorosa, pois verdadeira e não passível de reprodução. O texto emocional é descoberta e abandono, é vivência e esquecimento.

É assim que experimento a linguagem no trabalho de análise e é assim que compreendo o que Bion (1970) procura nos chamar a atenção quanto às vicissitudes de memória, desejo e, sobretudo, entendimento. A linguagem quando arrogada como certeza reduz-se a um sistema de convenções de prateleira em que as palavras são tomadas por seu significado pretérito, o sentido do *establishment*. Isso é parte da vida cotidiana, é o preço que se paga pela dependência que temos do grupo como suporte imprescindível para a sobrevivência. E é uma característica da experiência psicossocial que tenhamos um vocabulário sistematizado em dicionários coletivos para dar nomes aos bois. Acontece que os bois que se revoltam no seio das emoções de cada pessoa não são passíveis de negociação como *commodities*, embora usualmente tomemos o atalho da simplificação ao aceitarmos o sistema de linguagem não como "a mídia pela qual a experiência é trazida à vida no processo de ser falada ou escrita" (Ogden, 2004, p. 201), mas como um repertório de objetos enganosamente fixos, signos saturados que marcam uma suposta correspondência estável entre o mundo animado e o mundo inanimado, o particular e o público, o singular e o universal. Essa diferença – que pode parecer sutil devido ao fato de que para ser enunciada esbarra justamente nos mesmos costumes de fala e na voracidade do entendimento – encontra-se nos vestígios do que em sua origem foi uma emoção: fragmentos de estranha civilização.

No primeiro dos seminários de Nova York, Bion (1980/2020a) nos conta:

> *Nossa linguagem, excessivamente desnaturada, ficou como se fosse uma moeda cujo valor apagou-se, tantas vezes submetida a atritos; ficou indistinguível de outras. "Estou terrivelmente assustado", diz o paciente. Que tal? Terrivelmente assustado. Essas palavras são lugar-comum. Entretanto, fico alerta quando ouço a palavra "terrivelmente"; penso que está muito gasta. Está um tempo terrível; isto é terrível; aquilo é terrível. Falar essa palavra não significa mais nada. Quando o paciente se torna consciente da atenção do analista, descobre um modo ainda mais secreto de dizer "terrivelmente assustado" – talvez até um "modo psicanalítico".* (p. 25)

Tal desnaturação da palavra equivale, a meu ver, à noção que pode ser comum ao analisando – e, por vezes, também ao analista – de que vida é coisa dada, é história mal contada que bastaria ser recontada e refabulada tanto quanto o necessário para se buscar em algum lugar do conhecido a chave que solucionaria em definitivo o mistério do sofrimento psíquico, a dor persistente que cala por palavras rasuradas e impulsiona via repetição a angústia do ser. O ponto que quero destacar não é propriamente a dinâmica pulsional ou a elaboração das resistências, o que extrapola o propósito deste ensaio, mas algo que se observa em análise como um esforço para engendrar a impressão de que a vida psíquica seria estática e controlável, fenômeno que ocorre sob a égide da alucinose em suas diversas expressões (Bion, 1965). É preciso desconfiar das palavras do senso comum quando o que buscamos no trabalho de análise é o senso singular, o particular de cada existência que por miúdos e breves momentos na amplidão de uma vida desdobra-se sob o testemunho do analista e se oferece para reconhecimento.

No senso comum, as águas paradas que persistem pelo entendimento são o modo como os seres humanos nos acostumamos a criar ilusões de nexo que nos permitem aprender e domar as forças da natureza. E é uma necessidade de contenção dos excessos a que somos ininterruptamente submetidos pela realidade não sensorial que extrapola qualquer possibilidade de compreensão em palavras derivadas dos sentidos, da experiência sensorial (Bion, 1970). Usamos o recurso simbólico dos conceitos para articular pensamentos operativos e estabelecer relações entre fatos que de outro modo permaneceriam desarticulados e incompreensíveis. A linguagem, assim como as convenções e regras sociais, como expressão do esforço empreendido pelo grupo humano para "preservar sua coerência e identidade" apoia-se em símbolos cujo significado "presume-se estar subjacente a uma conjunção constante pública, e não privada a um único indivíduo" (Bion, 1970, p. 63). Constituem o modo imprescindível de expressão social que nos localiza em relação ao outro e nos abre possibilidades de encontro e esclarecimento quando as condições são favoráveis, isto é, quando a linguagem pode evoluir de uma forma de ação para um modo de comunicação em que "a descoberta da verdade dos próprios sentimentos ou pensamentos, ou dos sentimentos e pensamentos do outro" são almejados (Meltzer, 1997, p. 178). Mas são igualmente passíveis de juízos precipitados e insuficientes para designar aquilo que se passa no ambiente íntimo, na realidade psíquica que é sempre fluxo e ímpeto, corrente e tormenta, ritmo e som.

A persistência do entendimento constitui um fator de tolerância à dor psíquica, na medida em que uma pessoa procura nas explicações conhecidas a cura para um sofrimento cujos elementos mais fundamentais lhe são desconhecidos. Sabemos que as formações defensivas do inconsciente existem para deixar de fora ou eliminar da percepção aquilo que não pode ser admitido no plano consciente. Portanto, não é a aquisição de respostas generalizantes ou o remanejamento de explicações racionais que efetuarão modificações significativas na maneira como uma pessoa dá conta de lidar com o desconhecido. Desesperados para encontrar soluções para o sofrimento, alguns analisandos chegam-nos por vezes com data de vencimento preanunciada e os vemos buscando incessantemente em símbolos fornecidos pelo consumo palavras e conhecimentos importados para designar aquilo que é da ordem inexorável da existência. Recordo-me de uma pessoa que, logo após um *insight* em análise, decide encerrar o trabalho com receio de que um esclarecimento embrionariamente vislumbrado num instante pudesse, no momento seguinte, tornar-se questionamento e desassossegar o investimento feito ao longo de alguns meses. Despede-se, agradece contente, embrulha o pensamento em um jornal e segue seu rumo, deixando na sala um desconcerto solitário. É uma marca do nosso tempo a pressa do entendimento, excitação e agilidade que paradoxalmente nos dá notícias de um estado mental de paralisia e passividade, formas de desamparo, afetos desgarrados em busca de linguagem para habitar:

> *São remanescentes, salvos de um naufrágio: o naufrágio do pensamento. Alguém quer nos contar algo, mas com frequência aquilo com que esse alguém tem de lidar não passa de remanescentes de um discurso articulado. A primeira coisa com a qual nos defrontamos são remanescentes de uma cultura ou civilização. Tentamos alcançar o máximo, segundo aquilo que conhecemos, em consequência, vigilância e lógica; tentamos nos apossar de todas as nossas aptidões, de toda nossa experiência, para fazer um trabalho de*

> *psicanálise. Mas será esse o estado de mente que tem o poder de contatar um estado de mente diverso? (Bion, 1980/2020a, p. 35)*

A linguagem de sobrevivência, despojada da potência de alcançar sentidos íntimos, equivale mimeticamente a uma transação burocrática que persevera pela manutenção de um entendimento meramente explicativo, um acordo com seus próprios cavalheiros para solucionar problemas e adiar tanto quanto possível o reconhecimento das paixões. Como então podemos no cotidiano artesanal, poético da relação analítica recuperar os sentidos naufragados, desertificados na poeira do grande sertão, e torná-los articuláveis e reconhecíveis como expressão mais verdadeira da experiência de ser? O que será que possibilita superar a *linguagem de sobrevivência* e adentrar um campo vicejante de uma *linguagem de reconhecimento* em que a potência de cada pessoa encontra possibilidades de realização e expressão?

A disposição para as tormentas

Vou pegar novamente emprestadas coisas minhas, mas depois devolvo. Iniciava análise com Pérsio Nogueira, pouco tempo se passava e seguia subindo a ladeira da Alameda Casa Branca até chegar a sua casa, lugar de trabalho. Tocar a campainha já era um estranhamento, pois lembrava ter sido informado para entrar sem bater. Era de verdade? Aguardava na cadeira do hall, depois entrava na sala que em minha memória era revestida de papel de parede cor-de-rosa. Que choque aquele pano de fundo para uma figura que eu supunha sisuda e atrevida. Sentado na poltrona ou deitado no divã à sua frente, eu falava copiosamente com voz de autoridade, pois conhecia de quem me tratava em se tratando de coisas minhas. Enquanto ele ouvia pacientemente, eu o pressentia com braveza e exigência. Apaziguava minha ansiedade com um tom de voz plácido que eu ouvia sair de minha garganta como um registro de fita cassete, ensaiado por repetições ao longo dos anos e desmagnetizado por persistência solitária num toca-fitas velho. Estava lá eu, tranquilo. Assustadoramente tranquilo.

Mas, benzadeus, nada que esse homem diz faz sentido! Falo uma coisa, ele responde outra. Pergunto de abobrinha, ele responde de chicória. Ouvia o Pérsio dirigindo-se vivamente ao nosso encontro enquanto eu desbotava com desencontro. Hoje sei, mas não na ocasião. Acreditei que se tratava de besteira minha, pois conhecia bem cada palavra pronunciada e ao buscar reorganizá-las em meus pensamentos ficava tonto e surdo. Descia a ladeira de volta pra casa desolado e triste, com um sentimento de falta grave que eu tentava articular racionalmente com os recursos de que dispunha. Certa vez, cheguei decidido a desistir, sentei-me no divã e tirei os sapatos. Ele aponta a cena e eu desaponto com explicação: faço por cuidado para não sujar o tecido. Aliás, digo ao ilustre senhor em confissão de reverência que eu sentia que precisava aprender uma língua nova para conseguir me comunicar com ele. Ao que ouço com toque de bom humor impiedoso que porquanto tentasse resolver problemas pelos outros, arrumaria tantos mais para mim mesmo.

Desconcerto? Nesse instante hesitava apavorado diante do que num primeiro vislumbre se traduziu como *constrangimento*. Como era possível que de um pequeno gesto se abrisse tamanho penhasco? Um momento de indecisão, uma fronteira avistada em que o cavalo refreia e tomba. Desconfiei, tomado de medo. Prosseguia ou partia? Sou arrebatado de uma tensão densa e vívida. De um lado, a tristeza solitária, linguagem de sobrevivência que servia para amparar quedas e remendar joelhos ralados, remédio conhecido e vencido que na falta de coisa melhor poderia seguir entoando explicações, deixando a dor pra depois. De outro, uma fresta pela qual se insinua uma voz que, embora titubeante, temerosa, está bem ao alcance. O que num ponto fez-se precipitar como constrangimento, daquele ângulo inusitado se apresentava sem cerimônia quando notei em mim mesmo: era *reconhecimento*. Decidi segurar a mão esticada em minha direção, retomei o cavalo e prosseguimos a travessia conversando diariamente e aproveitando cada momento do sertão como uma descoberta intraduzível e nítida, até que o tempo irrompeu com a extrema curva do caminho extremo. A linguagem de reconhecimento emerge nos momentos de tormenta, habita-nos nas fronteiras entre o conhecido e o a descobrir, apenas para depois submergir e aguardar outras águas e companheiros de viagem.

Um rio que corre

Realizamos aproximações com o objeto psicanalítico (Bion, 1962, 1963, 1970) a partir daquilo que nos ressoa significativo e verdadeiro, o testemunho e a contribuição de como cada analista apreende, elabora e concebe o exercício da função analítica na intimidade da clínica. Como atividade autobiográfica (Scappaticci, 2018), a análise é uma situação de abertura ao infinito de vivências que dependem de condições suficientes para serem reconhecidas, publicadas (Bion, 1962, p. 51) e aproveitadas para crescimento. A experiência em sua qualidade criativa e tempestiva convoca a comunicação no horizonte da esperança de ser alcançada por um semelhante aberto a recebê-la e compreendê-la dentro do possível. Penso que tais condições podem ser concebidas como expressões radicais da alteridade marcadas por cesuras eu/outro, finito/infinito, pré-verbal/pós-verbal, apenas para nomear algumas (Bion, 1977/2014e).

O potencial criativo do par analítico (e da comunidade psicanalítica) demanda um contínuo trabalho de comunhão e transcendência nas fronteiras da alteridade, e de sensibilidade à natureza desconhecida da realidade que encontra em cada pessoa possibilidades únicas de captação e expressão. Nas fronteiras, uma área de turbulências se forma como no encontro de rios cujas origens e extensões não estão ao alcance da vista, mas nos mobilizam pela densidade da confluência. Da aridez do grande sertão somos inundados pelo vigor emocional do desconhecido evocado pela presença do outro. Podemos nos tornar cientes e atentos a esse fenômeno, ou fazer um esforço para evitar a ciência desse contato. Aproveitar o momento de perturbação é uma escolha da dupla, assim como sua evasão.

Em ressonância com a intuição de Freud e Klein, bem como o pensamento de Kant, Platão e Berkeley, Bion (1965) aponta que "uma cortina de ilusões nos separa da realidade", uma cortina necessária e sem a qual estaríamos condenados à loucura da pura intensidade não sensorial que extrapola a capacidade humana de contenção e conhecimento, "salvo por conjectura" (p. 147). Uma vez que a linguagem comum se organiza por convenções simbólicas públicas – os símbolos heterônomos –, a vivência privada nos momentos de tormenta torna-se incomunicável ou demasiadamente estreita em suas possibilidades expressivas, isto é, de se tornar uma comunicação que possa ser atinada pelo outro, preservando os elementos fundamentais do que se pretende expressar. Algo importante é intuído e represado, mas se esboça em palavras rasuradas, uma linguagem de sobrevivência ao modo de formulações vazias de sentido e plenas de vestígios de desamparo.

O analisando pode suspeitar que é o carreador de um defeito que o impede de se desenvolver, tornando-se alheio àquilo que desconfia ser incapaz de acolher e modificar em si próprio. Diante da fragilidade para abrigar aquilo que é da ordem do inédito desconhecido, objetivado na presença do analista, o desentendimento e a desolação operam como forma de adiar o reconhecimento tanto do sofrimento emocional como do potencial criativo do encontro analítico. "A desesperança é a perda da fala", conta-nos Jean-Claude Rolland (2017). E "a esperança nasce e renasce com a liberdade à enunciação. Lampejo do dizer, graças ao qual a coisa enfim se revela – 'palha no celeiro, pedregulho no buraco'. Suspensão da insignificância" (p. 16).

Ao examinar a área das experiências não sensoriais como uma das interfaces fundamentais do ser humano aberto ao contínuo processo de constituição psíquica, Safra (2013) discute as imagens da *potência desmesurada* como figurações da dimensão mítica do divino "resultantes de um profundo anseio de ser, que pode se manifestar como desejo do outro". O analista é tomado como um referencial importante, porque necessário, da possibilidade de realização do potencial criativo, *uma esperança de ser* temperada pelo sentimento infantil e terrorífico de *tudo ser*:

> *A perspectiva frequentemente observada é aquela na qual o outro representa uma possibilidade de ser que a pessoa crê ainda não ter alcançado. Há no desejo do outro não só a repetição de experiências do passado, mas também um anseio de futuro de si mesmo. (p. 98)*

À medida que o vértice analítico se instala, o diálogo com o analista proporciona contraste a fragmentos da experiência do analisando até então desconhecidos ou impedidos. A presença e a sensibilidade de observação do analista, seu estado de atenção aberta à realidade que não se revela sensorialmente, mas que depende de um espaço negativo para penetrar, ocupar, ganhar dimensões reconhecíveis (Bion, 1970), coloca em marcha uma experiência de si que emerge na linguagem como expressão criativa da dupla. Mas o negativo como espaço aberto para receber aquilo que emana do encontro com o outro é potencialmente sentido como um lugar perigoso, um corpo estranho com objetos incógnitos e ansiados. O espaço interno receptivo que emerge na travessia do grande sertão pode despertar o sentimento de perigo iminente, um desvelamento convidativo que se expressa na linguagem em formulações oblíquas, palavras insaturadas que se dispõem ao intrigante. Pérsio nos recorda ser característico do humano a busca de orientação no caos, uma angústia fundamental de interpretar o inusual, o inesperado a partir daquilo que se apropria como formas familiares:

> *Parece ser uma característica essencial do ser humano ou, mais restritivamente, da mente humana, reagir com forte angústia à desordem no plano existencial e ao imaginário e sentido de infinito que a acompanham. Um sentido de ordem e de finitude (limite) parece ser fundamental e urgente ao aplacamento dessa angústia – espaços abertos parecem não ser do agrado da "natureza" do mundo mental, que continuamente parece estar em busca de se encarcerar no âmbito e limite de suas próprias respostas. (Nogueira, 1993, p. 18)*

Espaços abertos preenchidos apressadamente constituem formas de obturação do pensamento verbal e modos de evitar contato com a realidade não sensorial e o senso de infinito que caracterizam a intuição do incógnito. Nas tormentas, a dupla se torna habitante de uma fronteira muito fecunda entre o conhecido e o desconhecido para o qual não temos referenciais pretéritos. É a percepção da fresta que conduz à interioridade do corpo, à concepção de um espaço para ser habitado e que se manifesta verbalmente como uma linguagem porosa e potencialmente poética. Inicialmente essa fresta é experimentada como um rasgo, encontrado distraidamente em um dia qualquer de análise. Não há solenidade que a antecipe ou possibilite sua previsão: somos pegos de surpresa, instigados pela estranha familiaridade dos sons e imagens evocados no diálogo analítico. Nesse ponto, a intuição nos põe em contato direto com vislumbres da realidade de uma forma extremamente inquietante, seja pelo temor de que o inusitado possa ameaçar os limites da razão, seja pelo aspecto numinoso e fascinante despertado por essas experiências. Há, como observa Bion (1970, p. 118), um aumento da tensão quando o par analítico se aproxima do pensamento novo e desconhecido – o momento em que as fronteiras se tornam assustadoramente fluidas e a experiência de alteridade é vivida como uma vigorosa e misteriosa abertura.

Ao emergir sem ser convocado, o pensamento novo carreia uma clareza inesquecível e fugaz que em seguida esvanece. Não podemos recapturar o que nossa intuição apreende nesses breves desvelamentos, mas temos a certeza de uma presença verdadeira. Havendo afinação, lampejos dessa experiência podem às vezes ser comunicados em poéticas e breves formulações verbais oblíquas, como ressemantizações de palavras inusitadas e formas estéticas singulares ao par analítico concebidas nos passos da vereda e colhidas no instante do redemunho – "o lugar em que o ser surge numa língua" (Rolland, 2017, p. 87). Na leitura do *Grande Sertão* (Rosa, 1967/2001), a mudança de um estado de mente dominado pelo anseio desesperador de se *possuir uma linguagem* – o terrível Hermógenes que tudo devora – para o *tornar-se a linguagem* – um quem sabe Diadorim – sobrevém figurativamente na passagem do alto do chapadão, quando o horizonte se descortina e a leitura adquire um elemento de profundidade e amplidão inconfundíveis. Respiramos embaixo d'água, uma linguagem para habitar e pela qual sermos habitados.

Na experiência analítica, o pensamento novo que revela um aspecto importante conquanto desprezado ou ignorado pelo analisando (ou grupo de referência) insurge desses pequenos e ordinários fragmentos da vida cotidiana que marcam as passadas do nosso grande sertão. São os pés de arnica adormecidos pelo sol, os galhos secos que balançam os movimentos da carroça, "a mobília do sonho" (Bion, 1957/1967c, p. 51) que o analisando arrasta consigo para dentro da sala de análise como marcas obliteradas de sua história, que se reapresentam na sessão como supostas bobagens facilmente negligenciáveis pela dupla. O fato em si observado e apontado pelo analista – a exemplo do gesto de tirar os sapatos para se deitar ao divã – não tem qualquer significado específico do ponto de vista etiológico, mas serve de brecha para que o pensamento novo penetre a linguagem habitada pela dupla. O analisando pode eventualmente reconhecer naquele instante a pujante realidade da comunhão com um outro capaz de intuir o que lhe diz respeito e não lhe é conhecido, mas para o qual ambos temos evidências (Bion, 1976/2014d). O titubear do analista, caso não esteja familiarizado com a violenta corrente de emoções que inunda o espaço formado pela dupla, pode desaguar precipitadamente em forma de reasseguramento, a exemplo de falas que visam tranquilizar o analisando ou talvez o próprio analista. Nesse aspecto, a volta abrupta ao conhecido, o apelo à memória e o desejo de entendimento matizado pela linguagem de sobrevivência turvam a experiência e, aí sim, um constrangimento pode se afirmar e ganhar consistência, uma vez que o retorno ao pretérito evoca o sentimento de desamparo justamente onde a esperança do novo começa a brotar. A tensão requer ser sustentada corajosamente para que a dupla efetue a travessia.

Onde no cotidiano comum se experimenta uma urgência de ordem ainda que artificiosa, conforme destaca Nogueira (1993), abre-se a possibilidade de uma vivência emocional de descobrimento do inusitado e surpreendentemente franco. Em circunstâncias favoráveis, a experiência de contato humano pode ser vivida como um momento estético singular, uma linguagem de reconhecimento que se organiza por breves lampejos de palavras e depois se despede. Muitas emoções podem passar pelos interstícios de formulações concebidas pela dupla, pois servem ao reconhecimento do solo emocional e não se fixam a coisa alguma. Tornam-se objetos insaturados que, como cantis do sertanejo, colhem água, arrefecem a sede e esvaziam.

Não há última palavra. Restam os versos inquietantes de Vanessa Corrêa (2021), companheira psicanalista e poetisa audaciosa que habita águas profundas e sonha ter pernas para caminhar pelos sertões da cidade.

era uma vez
o que era
ninguém sabe

no coração
da floresta
uma fogueira

quem viu de longe
foi embora
com diagnósticos
apressados

quem chegou perto
morreu queimado

Sobrevivência, reconhecimento: a linguagem do repouso

> *De início parecia uma pequena mancha,*
> *E depois uma bruma!*
> *Avançava e avançava, até que certa forma*
> *Ele tomou, em suma.*
>
> *Uma mancha, uma bruma, certa forma, em suma!*
> *E sempre, sempre avança…*
> *Como a esquivar-se de um espírito marinho,*
> *Mergulha e vira e dança.*
>
> S. T. Coleridge

O caminho percorrido ao longo dos ensaios teve como eixo orientador o encontro com experiências de diferentes naturezas que, transformadas em linguagem textual, possibilitassem tanto a investigação como a comunicação do objeto psicanalítico foco deste trabalho. Elementos colhidos da clínica, recortes da literatura, trechos de filmes, ecos de músicas, fragmentos de contribuições de psicanalistas de diferentes comunidades epistemológicas, assim como experiências pessoais com o imprevisível da vida cotidiana serviram de argumento, perturbação e inspiração narrativa para examinar e elaborar fenômenos da linguagem e da busca de reconhecimento do seu objeto.

Missão laboriosa, uma vez que não visava referendar um conceito introduzido por outro analista-autor, pesquisar estruturas clínicas ou aprofundar uma discussão sobre psicopatologia ou fenômenos psicossociais em um estudo comparativo. Além disso, a elaboração dos ensaios implica desde o início um distanciamento das formas tradicionais de apresentação do pensamento psicanalítico segundo a lógica das argumentações metapsicológicas e do minucioso exame da teoria como um ente ideal. Ainda que tenha escolhido a obra de W. R. Bion como principal referência para a prática clínica e eixo epistemológico para o desenvolvimento dos ensaios, não se tratou tampouco de discutir o pensamento de Bion ou produzir um novo conceito psicanalítico derivado de suas contribuições.

As designações *linguagem de sobrevivência* e, posteriormente, *linguagem de reconhecimento* emergem originalmente no calor do momento em uma sessão de análise e são paridas à palavra de modo espontâneo e inesperado. Não foram concebidas na tranquilidade noturna da inspiração poética, ou pensadas matinalmente como coisa pré-fabricada, massa de pão fermentada de véspera, ou algum produto a ser desenvolvido em laboratório, tendo o pesquisador-autor como um artífice a inventar um novo elemento na tabela periódica da psicanálise.

Linguagem de sobrevivência e linguagem de reconhecimento constituem possivelmente um *pensamento em busca de um pensador* (Bion, 1962), um vislumbre de vivência humana revelado no contato turbulento com uma pessoa em sofrimento emudecido. Ao captá-lo, tive a sorte de encontrar com certa agilidade uma imagem e um continente verbal para lhe servir de abrigo e notação. Ainda que possa reivindicar a mater-paternidade das palavras evocadas, o objeto em si não tem origem unívoca. É sempre multifacetado e mais complexo do que possa a princípio parecer. Não se encerra, portanto, em definições ou enunciados que traduzam a experiência vivida. Trata-se apenas de um vértice para o exame da linguagem na situação clínica.

Penso que esse raciocínio se aplique a qualquer estudo em psicanálise que tenha por finalidade descrever *experiências reais vividas e elaboradas por pessoas comuns*. E espero contribuir para que eventuais leitores que reconheçam em suas experiências clínicas realizações ressonantes com os fenômenos discutidos instiguem-se a fazer também suas próprias contribuições no sentido de expandir *o vértice do objeto psicanalítico que se revela como linguagem de sobrevivência e linguagem de reconhecimento*. A experiência da linguagem é seu meio e seu objeto, sua forma segue sua função.

Ao reler os ensaios escritos ao longo de poucos anos, cada um ocupando um período significativo marcado por instantes de criatividade e latência, pude perceber transformações importantes não apenas na maneira como as questões da linguagem são aqui tratadas, mas especialmente pelo modo como cada ensaio refletia também um movimento particular na minha atividade clínica. Os *insights* que ocorriam na preparação dos ensaios repercutiam no trabalho analítico, nas supervisões, em diálogos com colegas e na análise pessoal. Retroativamente, outros *insights* decorrentes de experiências nesses mesmos campos serviam de alimento e matéria para a continuidade e expansão da pesquisa como *work in progress*.

Bion (1965) descreve a trajetória de uma psicanálise como uma série infinita de ciclos de transformações que partem de um ponto comum desconhecido e inominável, o O da experiência, e adquirem formas, expressões e significados de acordo com as condições de intimidade e confiança (ou deterioração destas) vividas pela dupla analítica ao longo do tempo. Pesquisa, escrita, clínica, grupo de pares e o estudo das contribuições de Bion constituíram um continente favorável para uma relação comensal: "aquilo que tinha de ser expresso e o veículo para sua expressão se beneficiaram da cultura à qual ambos pertenciam" (Bion, 1970/2006, p. 106).

A forma da água

Podemos revisitar o percurso dos ensaios como correspondendo aproximadamente às colunas da *grade* de Bion (1963, 1997[1963]/2016), designando diferentes momentos do trabalho de investigação do objeto psicanalítico. A grade é um instrumento elaborado por Bion para examinar a qualidade das formulações verbais e das transformações observadas pelo psicanalista em uma sessão de análise. Trata-se de um importante recurso de "classificação (e, portanto, apreensão) dos objetos psicanalíticos que pertencem ao campo das ideias, como Bion [1963] as define ao final do primeiro capítulo de *Elementos de psicanálise*, e os modos segundo os quais eles podem ser usados" (Talamo, 2016, p. 7).

O primeiro ensaio, "A linguagem perdida das gruas", apresenta a *hipótese definitória* que organiza todo o esforço de pesquisa. Ao delimitar o campo de investigação como a linguagem e enunciar uma particularidade qualitativa, expressa na simetria sobrevivência/reconhecimento, "elementos previamente considerados como não relacionados são considerados como constantemente conjugados . . . e tendo coerência" (Bion, 1997[1963]/2016, p. 19). As ideias ali apresentadas reúnem pensamentos decorrentes de situações dispersas no tempo e que alcançaram expressão e coesão na questão clínica que mobiliza o empenho de observação.

A cesura da abertura marca o ponto de referência a partir do qual o pensamento evolui em formas reconhecíveis, pouco a pouco e por ângulos e configurações inusitados. A afirmação do objeto em uma conjunção constante inaugura uma possibilidade de investigação e "exclui necessariamente outras possibilidades" (Chuster, 2003, p. 95). Delimita-se um foco. Os movimentos seguintes dependem da manutenção desse foco e do exame tanto dos elementos que contribuem para seu esclarecimento (aproximações) como daqueles que conduzem a dispersões (recuos). O espaço diferencial entre esses dois conjuntos de elementos estabelece o campo dinâmico em que se dá a experiência da pesquisa.

O segundo ensaio, "A linguagem dos fragmentos", corresponde às oscilações de movimentos entre duas categorias do processo de investigação do objeto psicanalítico. O ensaio desliza entre momentos de linguagem fluida (aproximações) e momentos de linguagem rígida (recuos), imprimindo à elaboração do texto algo análogo à experiência emocional vivida com um analisando que apresentava em linguagem extraordinariamente plástica seus terrores decorrentes da predominância de vivências psicóticas. Momentos de esclarecimento são perseguidos por movimentos de dispersão.

O ensaio traz o registro de fatos clínicos, lembranças de infância e interpretação de teorias que juntos compõem uma narrativa e conferem à investigação analítica a marca do testemunho de vivências reais às quais é atribuído um valor epistemológico na busca de esclarecimento da linguagem de sobrevivência. Nesse sentido, tem a utilidade de uma *notação* (Bion, 1997[1963]/2016, p. 20), o empenho para descrever verbalmente um objeto que apenas pode ser concebido imaginariamente, de forma intuitiva, uma inscrição provisória a caminho de elucidações.

A proliferação de registros, no entanto, por vezes sobrecarrega o continente e preenche as lacunas com conhecimentos sabidamente falsos em relação à hipótese definitória, atuando "contra a ansiedade produzida pelo desconhecido em qualquer investigação" (Chuster, 2003, p. 96). Corresponde ao que Bion (1970) designou como a coluna ψ, vestígios de memória que, por um lado, guardam semelhança com o objeto vislumbrado, ao mesmo tempo que fazem oposição ao seu esclarecimento (p. 45). Essa característica ψ estava evidente na primeira versão do ensaio, que era bem mais extensa e continha uma pletora de recitações teóricas e discussões minuciosas de trabalhos de Bion da década de 1950, nos quais o autor discute as relações entre linguagem e pensamento verbal na clínica das psicoses. Ao revisitar o texto, procurei depurar os excessos e destacar as ideias que poderiam contribuir para o prosseguimento da descrição do objeto psicanalítico, resultando em uma versão sobrevivente do ensaio original, uma lapidação imperfeita em que os relevos da matéria bruta ainda se revelam sutilmente a depender do ângulo de incidência do olhar do leitor-analista ao iluminar o texto.

O terceiro ensaio, "A linguagem do indizível", destaca a função da observação aguçada aos detalhes ínfimos na experiência clínica, ao elemento aparentemente insignificante e desprezível que possibilita depreender o ponto de captação da experiência emocional e revela um universo camuflado pelos excessos da palavra. Corresponde à coluna *atenção*, pela qual os elementos apresentados "estão sendo utilizados para descobrir o significado" da experiência e promover o crescimento, servindo de "precursor para investigações ulteriores" (Bion, 1965, pp. 79 e 109). Nesse ensaio, o exame da linguagem de sobrevivência e da linguagem de reconhecimento como vértices de aproximação ao objeto psicanalítico nos possibilita conceber um modo particular de atenção à experiência emocional à medida que esta pode evoluir em uma sessão de análise.

Ademais, lança luz a aspectos do trabalho psicanalítico que serão aprofundados no ensaio seguinte.

Todo o esforço de sustentar na pesquisa a posição epistemológica que visa promover o conhecimento por meio da experiência alcança seu ápice no quarto ensaio, não por acaso intitulado "A linguagem das tormentas". O trabalho foi concebido em um momento particularmente difícil, marcado tanto pelo isolamento social imposto pela pandemia da SARS-CoV-2, como pelo fato de ter eu mesmo contraído uma versão insidiosa de covid-19 que afetou de modo até então impensável minha rotina no trabalho psicanalítico, além, evidentemente, de suas impressionantes repercussões emocionais de longo alcance. As tormentas, nesse sentido, revelam não apenas o momento ontológico em que o trabalho foi elaborado, mas também *a natureza do fenômeno de contato com o desconhecido dentro e fora da clínica*. Procurei, na medida do possível, tornar suportável uma situação verdadeiramente aterrorizante, buscar um meio de restabelecer vínculos emocionais que se encontravam sob forte ataque fisiológico e existencial. Esse meio foi a escrita do texto em um estado que reconheço claramente como *capacidade negativa* (Bion, 1970) – mas uma capacidade negativa *ontológica*, eu acrescento, para distingui-la de uma posição teórica.

Encontro ressonâncias com essa vivência no artigo "Como tornar proveitoso um mau negócio", o último trabalho escrito por Bion (1979/2014h). Ele conta que nas situações de guerra o inimigo tem como finalidade aterrorizar o adversário, desestabilizar sua capacidade de enxergar com alguma clareza o que se passa ao seu redor. Por mais angustiante e pior que seja a situação, "pensar com clareza é mais propício para que tenhamos ciência da 'realidade', para avaliar adequadamente o que é real" (p. 137). Certamente essa posição é bastante perturbadora, pois a capacidade de nos mantermos pensantes em contextos turbulentos também nos expõe à nossa própria condição existencial de *finitude, solidão e profundo desamparo*. Trata-se da experiência de buscarmos um ponto de sustentação em meio à desordem da fragmentação psíquica, em meio à perda de referenciais até então tidos como certezas e seguranças. E prossegue:

> *Isso é comum a toda investigação científica, quer seja com pessoas ou coisas. Podemos estar num universo de pensamento, numa cultura, ou mesmo em um tipo de cultura temporária que estaremos certos de sofrer a dor de sentir que nosso universo não nos conduzirá ao bem-estar. Ousar tornar-se ciente dos fatos do universo em que existimos exige coragem. (Bion, 1979/2014h, p. 137)*

No momento em que redigia "A linguagem das tormentas", tive a impressão de que a realização da escrita acompanhava muito de perto as moções do pensamento. A agilidade dos dedos a digitar cada letra buscava capturar as ondas de fragmentação e integração que na condição de autor-analista-gente-comum via-me afetado e assustadoramente inspirado para expressar por meio da experiência possível os movimentos da linguagem de sobrevivência e da linguagem de reconhecimento. A *sobrevivência*, nesse sentido, aponta para o esforço incomensurável que todo ser humano procura empreender nas condições mais desfavoráveis e ameaçadoras pelas quais todos passamos em alguns momentos da vida. O *reconhecimento*, por sua vez, expressa timidamente a possibilidade de encontrarmos abrigo nas palavras para comunicar nosso desamparo, para nos pormos aptos a pensar e seguir pensantes em meio à turbulência dos estados de fragmentação – de modo análogo ao que Bion (1970) propõe ao descrever os estados mentais de *paciência* e *segurança* como manifestações do movimento oscilatório entre a posição esquizoparanoide e a posição depressiva, resguardando os termos de sua penumbra psicopatológica.

O ensaio abrange a coluna que Bion (1997[1963]/2016) originalmente chamou de *Édipo*, indicando o empenho investigativo de se atingir o cerne da questão de análise. E se estende também à coluna denominada *ação*, no sentido de se produzir uma formulação verbal que alcança o estatuto da "melhor expressão para uma transformação em curso" (Chuster & Stürmer, 2019, p. 63), uma ação interpretativa que serve de prelúdio para outros pensamentos. Nesse sentido, resulta da experiência emocional sofrida pelo analista-autor que *do vazio infinito e sem forma* encontra uma elaboração do objeto psicanalítico comunicada por elementos dotados de qualidades pictóricas vivas, uma Linguagem de Alcance apropriada para dar expressão provisória e transiente à sua investigação (Bion, 1970).

O ensaio "A linguagem das tormentas" corresponde, portanto, à *elaboração da questão que mobiliza todo o empenho de pesquisa e a sua realização como tese psicanalítica*. É a expressão verbal do objeto investigado que ora se torna disponível ao leitor para aprender da experiência (Bion, 1962). As concepções de linguagem de sobrevivência e linguagem de reconhecimento como vértices do objeto psicanalítico são apresentadas experimentalmente no contato direto com o texto. Os expedientes mobilizados para esse fim se apresentam ora como descrições de lembranças da vida cotidiana, ora como narrativas conceituais de questões da linguagem como estas podem ser examinadas na clínica psicanalítica a partir de Bion, ora nas analogias estabelecidas com a leitura da obra de Guimarães Rosa examinada de dentro para fora e de fora para dentro, de seu interior e de seu entorno, da dimensão textual combinada com a dimensão extratextual (Bakhtin, 2011). O recurso da prosa poética visa engendrar no ato da leitura as qualidades dinâmicas da linguagem de sobrevivência – as águas paradas do entendimento e da impossibilidade de expressão das emoções – e da linguagem de reconhecimento – um rio que corre, a palavra em ação –, de tal modo que a captação do objeto analítico possa ser esteticamente alcançada pelo leitor que se deixar inundar pelas imagens e pensamentos apresentados, resguardando seu foco das tentativas de compreensão intelectual do texto.

A travessia é inquietante, produz reverberações emocionais que podem ou não ser suportadas, que podem ser usufruídas ou ignoradas a depender da disposição do analista-leitor. Este pode tender a se desviar da experiência, particularmente se suspeitar que a linguagem deva ser interpretada à luz de algum conhecimento pretérito ou código teórico oculto, um significado hermético propositalmente retido pelo analista-autor, semelhante àquelas histórias familiares da tia que passa a receita de bolo omitindo um ingrediente importante sem o qual o resultado é decepcionante. Alternativamente, o analista-leitor tem a possibilidade de adentrar a experiência do texto e realizar, como propõe Anne Lise Scappaticci (2022)[1] *uma leitura em O*, uma vivência estética em que "o leitor se torna autor, assim como na experiência analítica" (Scappaticci & Ribeiro, 2021, p. 105).

Conquanto as frustrações decorrentes da incompletude de qualquer trabalho que pretenda descrever fenômenos imateriais e as limitações impostas pela realidade possam ser toleradas e respeitadas – incluindo-se aí as contingências particulares que restringem minha capacidade de pôr em palavras a experiência vivida –, o pensamento e a elaboração do objeto psicanalítico vislumbrado atingem a expressão de uma síntese provisória, uma comunicação possível de ser acolhida e reconhecida pelo outro que se encontre receptível à comunicação.

---

1 Comunicação pessoal.

As expectativas de encontrar uma formulação mais completa e precisa, assim como o desejo de se fazer compreender, podem se tornar impedimentos à publicação do pensamento original, inibições por vezes desmedidas que embargam a liberdade imaginativa e reflexiva de todo analista-pesquisador-autor. No presente ensaio de encerramento, "A linguagem do repouso", procuro destacar alguns elementos que podem servir a investigações posteriores. Qualquer tentativa de impor uma compreensão teórica para as experiências que ao longo do trabalho procurei transmitir aos analistas-leitores constituiria, estou seguro, uma traição à natureza inalcançável do objeto psicanalítico e às premissas epistemológicas que orientam todo o empenho desta pesquisa. Nesse sentido, espero que os ensaios resultem em mais perguntas que respostas, e que a chama da curiosidade analítica se mantenha viva para novas realizações, novas expansões.

Um alcance possível

Pensadas isoladamente como expressões qualitativas que indicam distinções no uso da linguagem, podemos supor a linguagem de sobrevivência como designando a maneira idiossincrática com que o analisando que tenha pouca familiaridade com sua própria vida psíquica descreve suas experiências ao analista. Linguagem de reconhecimento, assim, corresponderia ao ato psicanalítico de reconhecer na linguagem rasurada do analisando seu empenho para dar expressão à dor psíquica, de forma que esta possa aos poucos ser revelada e legitimada no trabalho de análise.

Como expressão do primitivo não representado (Bion, 1962), a linguagem de sobrevivência se manifesta em configurações muito próximas ao domínio do pré-verbal: são os resíduos de emoções e inscrições fragmentárias que, ao se aproximarem do campo da palavra, resultam em cacofonias, formulações vagas ou ruídos fisiológicos. A linguagem de sobrevivência revela a intuição de que em meio às falas e expressões verbais dos analisandos, por vezes muito sofisticadas, persistem vestígios de dores não sentidas, pensamentos não formados, o incessante murmúrio de elementos psíquicos que não encontram tradução no meio linguístico e persistem como sentimentos vagos e indescritíveis de desolação e aridez existencial.

Em sua última formulação do objeto psicanalítico, Bion (1970/2006) discute que toda tentativa de capturar na linguagem as imagens visuais que experimentamos no domínio psíquico (os pensamentos mais primitivos, elementos-alfa) encontra limitações por vezes intoleráveis para alguns analisandos. Isto é, as imagens e pensamentos vagos que nos habitam livremente são impossíveis de serem expressos na linguagem em decorrência do caráter restritivo do elemento pré-verbal. O analisando pode se ver incapacitado para comunicar suas aflições ao analista:

> *O material pode ser pré-verbal porque o indivíduo que procura verbalizá-lo não tem experiência suficiente do material para observar uma conjunção constante. Ele se encontra em um estado análogo ao que vemos em certas configurações semelhantes: ter dor sem sofrê-la; não compreender o movimento dos planetas porque o cálculo diferencial ainda não foi inventado; não estar consciente de um fenômeno mental porque o fenômeno foi reprimido; não conhecer um evento porque ele ainda não aconteceu. (p. 27)*

Ao captar a qualidade sutil do elemento pré-verbal, o analista aproxima a linguagem rasurada do analisando a um campo de reconhecimento no qual é possível enunciarmos alguns pensamentos, ainda que de modo oblíquo e insuficiente, mas que podem fomentar o início de uma construção narrativa para o sofrimento psíquico. A posição do analista é então aquela de um destinatário ativo, que vai em direção ao analisando, que de certo modo cria aquilo que encontra e persiste em sua presentificação. Esta às vezes pode ser insuportável, a depender das capacidades do analisando para tolerar não apenas as frustrações inerentes às limitações da linguagem, mas também as possibilidades criativas do analista.[2]

Prossigo com Bion (1970/2006):

> *Para solucionar os problemas associados a todas estas situações, é necessário pensar. Em todas elas, o pensar é restritivo e pode ser diretamente experimentado como tal, tão logo uma intuição demande uma representação para fins de comunicação privada. Uma vez que o pensar libera a intuição, passa a existir um conflito entre o impulso para deixar a intuição sem expressão e o impulso para expressá-la [isto é, para que o elemento vago intuído pelo analisando alcance o teor de um pensamento verbal]. Portanto o elemento restritivo da representação irrompe na transformação do material pré-verbal. (p. 28)*

O sentimento de desolação característico da linguagem de sobrevivência refere-se a essa impossibilidade – real, ou resultante de uma vivência ainda não ocorrida – de encontrar uma linguagem que seja capaz de trazer o pensamento novo à vida. Uma pessoa

---

[2] Um caminho possível para examinarmos a linguagem de sobrevivência por uma perspectiva metapsicológica pode ser encontrado nas contribuições do psicanalista francês René Roussillon, em seus trabalhos sobre *a clínica das problemáticas narcísico-identitárias* (1999, 2009, 2012).

que consiga tolerar as frustrações e suportar as restrições próprias da linguagem pode ser capaz de também tolerar a natureza criativa do trabalho de análise, o que abre então as condições necessárias para engendrar com o analista uma linguagem de reconhecimento.

Por sua vez, o analisando que não tolera tais restrições provavelmente terá pouca ou nenhuma tolerância ao reconhecimento de suas próprias moções psíquicas. É o que verificamos nas situações em que vemos o analisando utilizar a linguagem de forma hiperbólica (Bion, 1965) na criação de abstrações e divagações plenas de hostilidade e vazias de significados, que o distanciam tanto quanto possível do contato emocional consigo mesmo e com o analista, como na situação clínica apresentada no terceiro ensaio. O sentimento de desolação característico da linguagem de sobrevivência se traduz nesta imagem apresentada por Bion (1970/2006):

[Nessas condições,] o espaço mental é tão vasto . . . que o paciente sente perder sua capacidade para emoção – pois a própria emoção se esvai e se perde na imensidão. O que pode aparecer ao observador sob forma de pensamentos, imagens visuais, verbalizações, deve ser considerado como escombros, indícios ou restos de fala imitativa e emoção histriônica, flutuando em um espaço de tal modo vasto que seus limites, tanto temporais como espaciais, ficam sem definição. (p. 29)

Certas expressões supostamente banais utilizadas pelos analisandos podem, no entanto, ser capturadas pelo analista como transformações verbais de imagens sensoriais, vestígios de uma infância remota, expressões rasuradas do primitivo não representado. Como a personagem Emília do Sítio do Pica-Pau Amarelo, precisamos ter a liberdade de brincar com palavras encontradas pelo chão no trabalho de análise, palavras que poderiam ser utilizadas na formação de uma linguagem de reconhecimento para marcar o lugar em que um elemento desconhecido[3] intuído pelo analista se manifesta, ainda que não seja possível descrevê-lo ao analisando:

> *Crocotó é uma coisa que a gente não sabe o que é. Crocotó é tudo que sai para fora de qualquer coisa lisa. O seu nariz, por exemplo, é um crocotó da sua cara – mas como sabemos que nariz é nariz, não dizemos crocotó. Mas se nunca tivéssemos visto o seu nariz, nem soubéssemos o que é nariz, então poderíamos dizer que o seu nariz era um crocotó. (Lobato, 1957, p. 34)*

As palavras tidas como supostamente conhecidas levam frequentemente a enganos, especialmente quando assumimos de antemão seu significado público. Precisamos encontrar elementos insaturados para marcar os passos da análise, *crocotós* provisórios, palavras abertas que requerem ser escutadas com afinação em um ponto silencioso do ora diálogo, ora monólogo que se desdobra nas sessões. Precipitações de entendimento são um convite para dar consistência a um modo de verbalização que serve apenas para nos desviarmos do que em uma sessão apresenta-se para ser visto. Nos momentos da análise em que experimentamos um diálogo genuíno, as observações do analista são ressonantes com o sentimento do analisando e podem servir para a evolução da experiência emocional. Isso se confirma nas associações do analisando, quer sejam manifestas em formas verbais, em expressões gestuais ou em ações fisiológicas, como um suspiro ou uma respiração barulhenta. Esses elementos acústicos e visuais não traduzem a natureza das

---

3 A referência a essa expressão inventada por Monteiro Lobato foi apresentada a mim por Paulo Cesar Sandler, por ocasião de uma sessão de supervisão clínica.

emoções, mas pelo modo como surgem na análise nos permitem ter uma pista do que está ocorrendo.

Linguagem de reconhecimento implica o reconhecimento da linguagem como meio de passagem, de expressão da intuição, mas não de sua captura como assunto a ser discutido. O apontamento oferecido ao analisando no terceiro ensaio – "Sei que você não falou, mas vejo você dizer: vamos lá, coragem" – ou a lembrança de análise apresentada no quarto ensaio – o gesto de tirar os sapatos para se deitar no divã – encontram a potência da linguagem de reconhecimento como mídia de captação e posterior esquecimento. Não são interpretações de conteúdo reprimido ou de algo que poderíamos designar como sintoma, mas apenas construções provisórias (Freud, 1937/2018) que oferecem um caminho para emoção e pensamento se conjugarem em uma expressão de reconhecimento no campo da verdade emocional, campo em que opera a Linguagem de Alcance (1970).

Analista e analisando percebem-se mutuamente a compartilhar da experiência emocional de modo inequívoco, pois não há um sem o outro quando estes se encontram e se reconhecem, pois coabitam a linguagem descoberta. A ênfase recai não sobre os indivíduos, mas o idioma que os vincula. O esclarecimento da linguagem de sobrevivência somente pode existir em conjunto com a linguagem de reconhecimento. Ambas são vértices para vislumbrarmos o objeto psicanalítico.

Epílogo (ou a inesperada virtude da frustração)

Um último passeio pela Alameda Casa Branca. Semana após semana, via minhas pernas se fortalecerem com o exercício físico de caminhar do meu consultório até a residência do Pérsio. Passados alguns tantos meses, eu mal resfolegava ao escalar os trechos mais íngremes de calçada. Chegava ao prédio e me estacionava no banco de madeira solitário do saguão próximo à cabine do porteiro. Quando chovia, o banco ficava respingado de água e eu só percebia a umidade depois de me acomodar. Mais esperto, tinha umas folhas de papel-toalha na mochila, ou um lenço propício para essas situações gotejantes que substituem algum choro retido. Em tantas ocasiões, cheguei cedo e propositalmente demorei mais que o necessário para entrar. Transformei aquele saguão em uma sala de espera improvisada, uma sala de atraso, a bem da verdade, que eu ocupava sem qualquer embaraço a despeito do olhar do porteiro que devia ser bastante antigo, prata da casa, e chegava a ralhar para que eu desocupasse o banco e seguisse meu rumo.

Vencidas as resistências da gravidade e do desânimo, pegava o elevador, entrava no apartamento e ia direto para a sala cor-de-rosa. Pérsio me recebia com um gesto tímido que ao mesmo tempo revelava sua gentileza e o peso do tempo. Levantava-se brevemente de sua poltrona e a meio caminho retomava o assento. Lembrava o movimento que como criança éramos obrigados a executar com a entrada da professora na sala, mais por temor que por reconhecimento.

No divã, outras hesitações. Buscar o fio da meada, o assunto do dia, era sempre uma tortura. Via-me perdido em pensamentos tão rápidos e cheios de vozes que era incapaz de distinguir aquela que mais se parecia comigo. Às vezes sorteava um ponto e desfiava o rosário, recebendo de troco algumas moedas que me pareciam não ter nenhum valor imediato. Dava raiva! Esforçava-me persistentemente a lhe contar alguma coisa mais exata, coisa do cotidiano, coisa de subir ladeiras em dias de chuva, de sentir as pernas cada vez mais fortes e eu mesmo cada vez mais nublado, despalavrado de qualquer ideia que soasse autêntica, uma voz reconhecível. As palavras não se formavam e percebia-me disperso em um lugar tão vago e impreciso que qualquer tentativa de expressar o que se passava comigo fazia-me pensar que dentro de mim morava um ventríloquo que usava meu corpo para dizer coisas que não me pertenciam.

Um efeito de entonação passou a se insinuar nas minhas falas, coisa que eu mesmo demorei a notar. Espremia de dentro de mim alguma narrativa que traduzisse o dia vivido, a lembrança reencontrada, o problema entediante, a escolha inquietante. Qualquer que fosse o assunto, após longo relato, arrematava o dito com um indício de dúvida, uma interrogação bem disfarçada que agora percebo como tentativa de fisgar algum peixe na mente daquele que ensinava a pescar. Pérsio, nada bobo, acusava a artimanha com uma observação que de início eu ouvia com ironia e mais tarde vi como sabedoria: "O que tenho a lhe oferecer é minha sincera ignorância".

Abre-se um espaço para o pensar.

Referências

Allen, A. (2006). Dependency, subordination, and recognition: On Judith Butler's theory of subjection. *Continental Philosophy Review*, *38*, 199-222.

Bakhtin, M. (2011). *Estética da criação verbal* (6a ed., P. Bezerra, Trad.). WMF Martins Fontes.

Bello, A. A. (2006). *Introdução à fenomenologia* (J. T. Garcia & M. Mahfoud, Trads.). Edusc.

Benjamin, J. (1990). An outline of intersubjectivity: The development of recognition. *Psychoanalytic Psychology, 7*(suppl.), 33-46.

Bick, E. (1968). The experience of skin in early object relations. *The International Journal of Psychoanalysis*, *49*, 484-486.

Bion, W. R. (1962). *Learning from experience*. Karnac.

Bion, W. R. (1963). *Elements of psychoanalysis*. Karnac.

Bion, W. R. (1965). *Transformations*. Karnac.

Bion, W. R. (1967a). *Second thoughts*. Karnac.

Bion, W. R. (1967b). Notes on the theory of schizophrenia. In W. R. Bion, *Second thoughts* (pp. 23-35). Karnac. (Trabalho original publicado em 1953).

Bion, W. R. (1967c). Differentiation of the psychotic from the non-psychotic personalities. In W. R. Bion, *Second thoughts* (pp. 43-64). Karnac. (Trabalho original publicado em 1957).

Bion, W. R. (1967d). On arrogance. In W. R. Bion, *Second thoughts* (pp. 86-92). Karnac. (Trabalho original publicado em 1957).

Bion, W. R. (1967e). On hallucination. In W. R. Bion, *Second thoughts* (pp. 65-85). Karnac. (Trabalho original publicado em 1958).

Bion, W. R. (1967f). Attacks on linking. In W. R. Bion, *Second thoughts* (pp. 93-109). Karnac. (Trabalho original publicado em 1959).

Bion, W. R. (1967g). A theory of thinking. In W. R. Bion, *Second thoughts* (pp. 110-119). Karnac. (Trabalho original publicado em 1962).

Bion, W. R. (1967h). Commentary. In W. R. Bion, *Second thoughts* (pp. 120-166). Karnac.

Bion, W. R. (1970). *Attention and interpretation*. Karnac.

Bion, W. R. (1982). *The long weekend*. Fleetwood Press.

Bion, W. R. (1992). *Cogitations*. Karnac.

Bion, W. R. (2004). *Elementos de psicanálise* (J. Salomão, Trad., E. H. Sandler & P. C. Sandler, Rev. Técnica). Imago. (Trabalho original publicado em 1963).

Bion, W. R. (2006). *Atenção e interpretação* (P. C. Sandler, Trad.). Imago. (Trabalho original publicado em 1970).

Bion, W. R. (2014a). Notes on memory and desire. In W. R. Bion, *The complete works of W. R. Bion* (Vol. VI, pp. 203-210). Karnac. (Trabalho original publicado em 1967).

Bion, W. R. (2014b). Brazilian lectures. In W. R. Bion, *The complete works of W. R. Bion* (Vol. VII, pp. 1-197). Karnac. (Trabalho original publicado em 1973).

Bion, W. R. (2014c). Emotional turbulence. In W. R. Bion, *The complete works of W. R. Bion* (Vol. X, pp. 113-122). Karnac. (Trabalho original publicado em 1976).

Bion, W. R. (2014d). Evidence. In W. R. Bion, *The complete works of W. R. Bion* (Vol. X, pp. 128-135). Karnac. (Trabalho original publicado em 1976).

Bion, W. R. (2014e). Caesura. In W. R. Bion, *The complete works of W. R. Bion* (Vol. X, pp. 33-49). Karnac. (Trabalho original publicado em 1977).

Bion, W. R. (2014f). The grid. In W. R. Bion, *The complete works of W. R. Bion* (Vol. X, pp. 7-32). Karnac. (Trabalho original publicado em 1977).

Bion, W. R. (2014g). Clinical seminars. In W. R. Bion, *The complete works of W. R. Bion* (Vol. VIII, pp. 1-230). Karnac. (Trabalho original publicado em 1978).

Bion, W. R. (2014h). Making the best of a bad job. In W. R. Bion, *The complete works of W. R. Bion* (Vol. X, pp. 136-153). Karnac. (Trabalho original publicado em 1979).

Bion, W. R. (2014i). A memoir of the future. Book two: The past presented. In W. R. Bion, *The complete works of W. R. Bion* (Vol. XIII, pp. 1-193). Karnac. (Trabalho original publicado em 1977).

Bion, W. R. (2016). *Domesticando pensamentos selvagens* (L. C. U. Junqueira Filho, Trad.). Blucher. (Trabalho original publicado em 1997).

Bion, W. R. (2017). *Seminários italianos* (A. G. Growald, Trad., P. C. Sandler & V. M. da Cruz, Rev. Técnica). Blucher. (Trabalho original publicado em 1985).

Bion, W. R. (2020a). *Bion em Nova York e São Paulo* (P. C. Sandler, Trad.). Blucher. (Trabalho original publicado em 1980).

Bion, W. R. (2020b). *Quatro conversas com Bion* (P. C. Sandler, Trad.). Blucher. (Trabalho original publicado em 1978).

Bion, W. R. (2022). Notas sobre a teoria da esquizofrenia. In W. R. Bion, *No entanto... pensando melhor* (P. C. Sandler, Trad., pp. 37-54). Blucher. (Trabalho original publicado em 1953).

Bollas, C. (1992). *Forças do destino: Psicanálise e idioma humano* (R. M. Bergallo, Trad.). Imago.

Bunnel, D. (1971). A horse with no name [Gravado por America]. In *America* [LP]. Warner Bros.

Burroughs, W. S. (2009). *La revolución electrónica* (M. Dupont, Trad.). Caja Negra.

Busch, F. (2017). *Pensar a mente psicanalítica: Teoria e método psicanalítico* (T. M. Zalcberg, Trad.). Escuta.

Butler, J. (2000). Longing for recognition. *Studies on Gender and Sexuality, 1*(3), 271-290.

Castelo Filho, C. (2020). *A psicanálise do vir a ser.* Blucher.

Chibeni, S. S. (1996). A inferência abdutiva e o realismo científico. *Cadernos de História e Filosofia da Ciência*, série 3, 6(1), 45-73.

Chomsky, N. (1957). *Hebrew: The eternal language.* Jewish Publication Society.

Chuster, A. (1999). *W. R. Bion: Novas leituras. A psicanálise: Dos modelos científicos aos princípios ético-estéticos.* Companhia de Freud.

Chuster, A. (2003). *W. R. Bion: Novas leituras. A psicanálise: Dos princípios ético-estéticos à clínica.* Companhia de Freud.

Chuster, A. (2006). Transformações e significado: Considerações sobre o significado das transformações e as transformações do significado. In J. R. Avzaradel (Org.), *Linguagem e construção do pensamento* (pp. 113-135). Casa do Psicólogo.

Chuster, A. (2018a). A grade aperfeiçoada ou sobre a simetria onipotência/desamparo. *Revista Reverie, 11*(1), 6-31.

Chuster, A. (2018b). *Simetria e objeto psicanalítico: Desafiando paradigmas com W. R. Bion.* Trio Studio.

Chuster, A., & Stürmer, A. (2019). *Capacidade negativa: Um caminho em busca da luz.* Zagodoni.

Comte-Sponville, A. (1997). *Bom dia, angústia!* (M. E. G. G. Pereira, Trad.). Martins Fontes.

Corrêa, V. (2021). As histórias infantis como elas são de verdade. *Instagram*. Recuperado de https://www.instagram.com/p/CL-5zrv0BIqt

Eva, A. C. (2018). "… em uma sessão, estou interessado naquilo que eu não sei". In C. J. Rezze, C. V. Camargo & E. S. Marra (Orgs.), *Bion: A décima face. Novos desdobramentos.* Blucher.

Farge, A. (2009). *O sabor do arquivo* (F. Murad, Trad.). Edusp.

Freud, S. (2001). *A interpretação dos sonhos* (W. I. Oliveira, Trad.). Imago. (Trabalho original publicado em 1900).

Freud, S. (2010a). Além do princípio de prazer. In S. Freud, *Obras completas: História de uma neurose infantil ("O homem dos* lobos"), *Além do princípio do prazer e outros textos (1917-1920)* (P. C. de Souza, Trad., Vol. 14). Companhia das Letras. (Trabalho original publicado em 1920).

Freud, S. (2010b). Formulações sobre dois princípios do funcionamento psíquico. In S. Freud, *Obras completas: Observações psicanalíticas sobre um caso de paranoia relatado em autobiografia ("O caso Schreber"), Artigos sobre técnica e outros textos (1911-1913)* (P. C. de Souza, Trad., Vol. 10, pp. 108-121). Companhia das Letras. (Trabalho original publicado em 1911).

Freud, S. (2011). "Psicanálise" e "Teoria da libido" (Dois verbetes para um dicionário de sexologia). In S. Freud, *Obras completas: Psicologia das massas e análise do Eu e outros textos (1920-1923)* (P. C. Souza, Trad., Vol. 15). Companhia das Letras. (Trabalho original publicado em 1923).

Freud, S. (2014). Inibição, sintoma e angústia. In S. Freud, *Obras completas: Inibição, sintoma e angústia, O futuro de uma ilusão e outros textos (1926-1929)* (P. C de Souza, Trad., Vol. 17, pp. 13-123). Companhia das Letras. (Trabalho original publicado em 1926).

Freud, S. (2017). O chiste e sua relação com o inconsciente. In S. Freud, *Obras completas: O chiste e sua relação com o inconsciente (1905)* (F. C. Matos & P. C. de Souza, Trads., Vol. 7, pp. 13-334). Companhia das Letras. (Trabalho original publicado em 1905).

Freud, S. (2018). Construções na análise. In S. Freud, *Obras completas: Moisés e o monoteísmo, Compêndio de psicanálise e outros textos (1937-1939)* (P. C. de Souza, Trad., Vol. 19, pp. 327-344). Companhia das Letras. (Trabalho original publicado em 1937).

Frosh, S. (2002). The other. *American Imago, 59,* 389-407.

Frosh, S. (2010). *Psychoanalysis outside the clinic: Interventions in psychosocial studies*. Palgrave MacMillan.

Frosh, S., & Baraitser, L. (2003). Thinking, recognition and otherness. *The Psychoanalytic Review, 90*(6), 771-789.

Grotstein, J. S. (2007). *A beam of intense darkness*. Karnac.

Iafelice, H. (2013, 3 de novembro). *Adorno e o ensaio como forma* [Blog]. Recuperado de https://medium.com/@frankwcl/adorno-e-o-ensaio-como-forma-a890a4ceeb53

James, W. (1890). *The Principles of Psychology* (Vol. 1). Dover Publications.

Klein, M. (1991). Notas sobre alguns mecanismos esquizoides. In M. Klein, *Inveja e gratidão e outros trabalhos – 1946-1963* (L. P. Chaves et al., Trads., pp. 17-43). Imago. (Trabalho original publicado em 1946).

Leavitt, D. (1986). *The lost language of cranes*. Bloomsbury.

Lobato, M. (1957). *Viagem ao Céu e O Saci*. Brasiliense.

Machado Jr., P. P. (2012). Expressões do reconhecimento e da sujeição na experiência intersubjetiva. *Alter – Revista de Estudos Psicanalíticos, 30*(2), 97-108.

Machado Jr., P. P., & Ribeiro, M. F. R. (2019). A linguagem perdida das gruas. *Revista Brasileira de Psicanálise, 53*(3), 69-74.

Machado Jr., P. P., & Ribeiro, M. F. R. (2021). Águas paradas, um rio que corre. A linguagem das tormentas. *Jornal de Psicanálise, 54*(101), 105-121.

Malcolm, R. R. (1989). Interpretação: O passado no presente. In E. M. R. Barros (Org.), *Melanie Klein: Evoluções* (pp. 101-124). Escuta.

Mancuso, S. (2019). *Revolução das plantas: Um novo modelo para o futuro* (R. Silva, Trad.). Ubu.

Mattos, J. A. J. de, & Braga, J. C. (2009). Consciência moral primitiva: um vislumbre da mente primordial. *Revista Brasileira de Psicanálise, 43*(3), 141-158.

Meltzer, D. (1997). Concerning signs and symbols. *British Journal of Psychotherapy, 14*(2), 175-181.

Nettleton, S. (2018). *A metapsicologia de Christopher Bollas: Uma introdução* (L. Júnior, Trad.). Escuta.

Nogueira, P. O. (1993). *Uma trajetória analítica*. Dimensão.

Nurisdany, C., & Pérennou, M. (Diretores). (1996). *Microcosmos: Le peuple de l'herbe* [Filme cinematográfico]. Canal+.

Ogden, T. H. (2004). *Reverie and interpretation. Sensing something human*. Rowman & Littlefield.

Ogden, T. H. (2018). How I talk with my patients. *The Psychoanalytic Quarterly, 87*(3), 399-413.

Reiner, A. (2012). *Bion and being*. Routledge.

Ribeiro, M. F. R. (2016). Uma reflexão conceitual entre identificação projetiva e enactment: O analista implicado. *Cadernos de psicanálise, 38*(35), 11-28.

Ribeiro, M. F. R. (2019). Alguns apontamentos acerca da função psicanalítica da personalidade no campo analítico: A narrativa do analista e a do escritor. *Cadernos de psicanálise, 41*(40), 169-187.

Ribeiro, M. F. R. (2022). Sobre a intuição psicanalítica: A afetação enigmática. *Cadernos de psicanálise, 44*(46), 155-168.

Riley, D. (2005). *Impersonal Passion*. Duke University Press.

Rodríguez, V. G. (2012). *O ensaio como tese: Estética e narrativa na composição do texto científico*. WMF.

Rolland, J.-C. (2017). *Antes de ser aquele que fala* (P. S. de Souza Jr., Trad.). Blucher.

Rosa, J. G. (2001). *Grande sertão: Veredas* (19a ed.). Nova Fronteira. (Trabalho original publicado em 1967).

Roussillon, R. (1999). *Agonie, clivage et symbolisation*. PUF.

Roussillon, R. (2009). Corps et comportement: Langage et messages. *Revue Belge de Psychanalyse, 55*, 23-41.

Roussillon, R. (2012). As condições da exploração psicanalítica das problemáticas narcísico-identitárias. *Alter – Revista de estudos psicanalíticos, 30*(1), 7-32.

Safra, G. (2001). Investigação em psicanálise na universidade. *Psicologia USP, 12*(2), 171-175.

Safra, G. (2004). *A po-ética na clínica contemporânea*. Ideias & Letras.

Safra, G. (2013). Disponibilidades para a realidade psíquica não sensorial: Fé, esperança e 'caritas'. *Ide, 36*(56), 91-104.

Sandler, P. C. (2013). *A clinical application of Bion's concepts. Volume 3. Verbal and visual approaches to reality*. Karnac.

Sandler, P. C. (2018). *The language of Bion. A dictionary of concepts*. Routledge.

Santaella, L. (2005). *Matrizes da linguagem e pensamento: Sonora visual verbal*. Fapesp.

Scappaticci, A. L. D. M. S. (2018). A autobiografia de Wilfred Bion. Psicanálise, uma atividade autobiográfica. *Jornal de Psicanálise, 51*(95), 229-242.

Scappaticci, A. L. D. M. S., & Ribeiro, M. F. R. (2021). Notas sobre o objeto psicanalítico na obra de Wilfred Bion. *Revista Brasileira de Psicanálise*, 55(2), 103-114.

Segal, H. (1991). Notas sobre a formação de símbolos. In E. B. Spillius (Ed.), *Melanie Klein: desenvolvimentos da teoria e da técnica. Volume 1: Artigos predominantemente teóricos* (B. P. H. Mandelbaum, Trad., pp. 167-184). Imago. (Trabalho original publicado em 1957).

Shakespeare, W. (2002). *Macbeth* (B. V.-Faria, Trad.). L&PM.

Silver, A. (1983). A psychosemiotic model: An inter-disciplinary search for a common structural basis for psychoanalysis, symbol-formation, and the semiotic of Charles S. Peirce. In J. Grotstein, *Do I dare disturb the universe? A memorial to W. R. Bion* (pp. 269-315). Karnac.

Talamo, P. B. (2016). Prefácio. In W. R. Bion, *Domesticando pensamentos selvagens* (L. C. U. Junqueira Filho, Trad., pp. 7-12). Blucher.

Veloso, C. (1972). You don't know me. In *Transa* [LP]. Polygram.

Žižek, S. (2006). *The parallax view*. MIT.